用于国家职业技能鉴定
国家职业资格培训教程

YONGYU GUOJIA ZHIYE JINENG JIANDING
GUOJIA ZHIYE ZIGE PEIXUN JIAOCHENG

厨政管理师

(国家职业资格三级)

编审委员会

主　任　刘　康

副主任　张亚男　张光伟　卢　一

委　员　马清余　过　衍　牟方林　兰　崎

　　　　陈　蕾　张　伟

编写人员

主　编　马清余

副主编　包奕燕　袁新宇　黄文刚

编　者　杨长平　谭　杨　刘行行

中国劳动社会保障出版社

图书在版编目(CIP)数据

厨政管理师．国家职业资格三级/中国就业培训技术指导中心组织编写．—北京：中国劳动社会保障出版社，2012
国家职业资格培训教程
ISBN 978-7-5045-9975-9

Ⅰ.①厨…　Ⅱ.①中…　Ⅲ.①饮食业-厨房-商业管理-技术培训-教材　Ⅳ.①F719.3 ②TS972.26

中国版本图书馆 CIP 数据核字(2012)第 218263 号

中国劳动社会保障出版社出版发行
（北京市惠新东街1号　邮政编码：100029）
出版人：张梦欣
*
北京世知印务有限公司印刷装订　　新华书店经销
787 毫米×1092 毫米　16 开本　16 印张　208 千字
2012 年 9 月第 1 版　2012 年 9 月第 1 次印刷
定价：33.00 元

读者服务部电话：010-64929211/64921644/84643933
发行部电话：010-64961894
出版社网址：http://www.class.com.cn

前　言

为推动厨政管理师职业培训和职业技能鉴定工作的开展，在厨政管理师从业人员中推行国家职业资格证书制度，中国就业培训技术指导中心在完成《国家职业技能标准·厨政管理师》（试行）（以下简称《标准》）制定工作的基础上，组织参加《标准》编写和审定的专家及其他有关专家，编写了厨政管理师国家职业资格培训系列教程。

厨政管理师国家职业资格培训系列教程紧贴《标准》要求，内容上体现"以职业活动为导向、以职业能力为核心"的指导思想，突出职业资格培训特色；结构上针对厨政管理师职业活动领域，按照职业功能模块分级别编写。

厨政管理师国家职业资格培训系列教程共包括《厨政管理师（基础知识）》《厨政管理师（国家职业资格三级）》《厨政管理师（国家职业资格二级）》《厨政管理师（国家职业资格一级）》4本。《厨政管理师（基础知识）》内容涵盖《标准》的"基本要求"，是各级别厨政管理师均需掌握的基础知识；其他各级别教程的章对应于《标准》的"职业功能"，节对应于《标准》的"工作内容"，节中阐述的内容对应于《标准》的"能力要求"和"相关知识"。

本书是厨政管理师国家职业资格培训系列教程中的一本，适用于对厨政管理师（国家职业资格三级）的职业资格培训，是国家职业技能鉴定推荐辅导用书，也是厨政管理师（国家职业资格三级）职业技能鉴定国家题库命题的直接依据。

本书在编写过程中得到了四川烹饪高等专科学校（筹备中的四川旅游学院）的大力支持与帮助，在此表示衷心的感谢！

中国就业培训技术指导中心

目录

CONTENTS 国家职业资格培训教程

第1章 厨房组织管理 ……………………………… (1)

第1节 厨房组织结构设计 ……………………………… (2)

学习单元1 厨房组织结构设计概述 ……………………………… (2)

学习单元2 厨房组织结构设计 ……………………………… (11)

第2节 编制厨房部门职责 ……………………………… (20)

学习单元1 厨房加工部门职责 ……………………………… (21)

学习单元2 厨房炉灶部门职责 ……………………………… (23)

学习单元3 厨房切配部门职责 ……………………………… (25)

学习单元4 厨房冷菜部门职责 ……………………………… (27)

学习单元5 厨房面点部门职责 ……………………………… (29)

第3节 编制厨房员工岗位职责 ……………………………… (32)

学习单元1 厨房管理人员岗位职责 ……………………………… (32)

学习单元2 厨房生产人员岗位职责 ……………………………… (43)

第4节 配置厨房员工 ……………………………… (49)

学习单元1 厨房员工配置考虑因素和数量确定方法 ……………… (49)

学习单元2 厨房员工配置 ……………………………… (54)

思考题 ……………………………… (57)

第2章 厨房生产流程管理 ……………………………… (59)

第1节 烹饪原料加工管理 ……………………………… (59)

学习单元1 烹饪原料加工质量标准管理 ……………………………… (59)

学习单元2　刀工成形管理 ……………………………………（65）

第2节　配菜管理…………………………………………（71）

学习单元1　配菜作业程序管理…………………………（71）

学习单元2　配菜数量控制与质量管理 ……………………（76）

第3节　烹调管理…………………………………………（78）

学习单元1　烹调操作规范管理…………………………（78）

学习单元2　出菜速度、成菜温度管理 ……………………（88）

学习单元3　烹调质量检查 ……………………………………（91）

思考题…………………………………………………………（97）

第3章　物料管理……………………………………………（98）

第1节　烹饪原料管理……………………………………（98）

学习单元1　烹饪原料采购管理…………………………（98）

学习单元2　烹饪原料验收管理…………………………（111）

学习单元3　烹饪原料储存管理…………………………（117）

学习单元4　烹饪原料发放管理…………………………（127）

第2节　厨房设备与用具管理……………………………（130）

学习单元1　厨房设备管理 ……………………………………（130）

学习单元2　厨房用具管理 ……………………………………（137）

思考题…………………………………………………………（139）

第4章　厨房生产成本控制……………………………………（140）

第1节　餐饮成本控制概述………………………………（140）

学习单元1　餐饮成本及餐饮价格………………………（140）

学习单元2　餐饮成本控制 ……………………………………（151）

第2节　烹饪原料及生产过程成本控制…………………（154）

学习单元1　厨房生产成本控制概述 ……………………（154）

学习单元2　烹饪原料采购成本控制……………………（158）

学习单元3　烹饪原料验收、储藏和发放成本控制………（163）

学习单元4　厨房生产过程成本控制 ……………………（168）

第 3 节 厨房生产费用与人工成本控制 …………………………… (171)
学习单元 1 厨房生产费用成本控制 ………………………………… (171)
学习单元 2 厨房生产人工成本控制 ………………………………… (174)
思考题 ……………………………………………………………… (177)
第 5 章 卫生管理 ………………………………………………… (179)
第 1 节 烹饪原料卫生管理 ………………………………………… (179)
学习单元 1 厨房卫生管理概述 ……………………………………… (179)
学习单元 2 烹饪原料采购卫生管理 ………………………………… (181)
学习单元 3 烹饪原料验收卫生管理 ………………………………… (188)
学习单元 4 烹饪原料储存卫生控制 ………………………………… (207)
第 2 节 烹饪过程卫生管理 ………………………………………… (213)
学习单元 1 烹饪原料初加工卫生控制 ……………………………… (213)
学习单元 2 冷菜、热菜和面点饭食加工制作的卫生控制 ………… (219)
第 3 节 厨房卫生管理 ……………………………………………… (225)
学习单元 1 厨房员工卫生管理 ……………………………………… (225)
学习单元 2 厨房设施、设备、用具卫生管理 ……………………… (230)
思考题 ……………………………………………………………… (244)
参考文献 ………………………………………………………… (246)

第1章 厨房组织管理

厨房是酒楼、餐厅的菜点生产制作部门，在餐饮经营管理中起着举足轻重的作用，关系到餐饮企业的生存与发展。厨房的生产和管理要通过建立一定的组织结构来实现。厨房组织是按照经营目标和管理模式建立起来的生产整体，厨房组织状况关系到生产形式和完成生产任务的能力，关系到厨房的工作效率、产品质量、信息沟通和职权的履行。搭建一个合理的厨房组织，使厨房工作有机地运转起来，从而有效地对厨房进行管理，使其产生经营效益，是每个餐饮企业从事餐饮经营时首先要解决的问题。在厨房组织中，最活跃的要素是厨房工作人员，他们有技术、善于调制美味，是最富于创造的一个群体，更是餐饮企业生产经营的核心技术力量。因此，怎样将这些优秀的人力资源组织起来，以什么样的职位职能结构组织起来，从而建设成为一个优秀的工作团队，发挥其最大的整体效应，也是每个投资者和管理者必须要解决的一个比较困难而又极其重要的问题。

第1节　厨房组织结构设计

学习单元1　厨房组织结构设计概述

学习目标

- 了解厨房组织的特点。
- 掌握厨房组织结构的划分及其类型。
- 熟悉大、中、小型厨房组织结构。

知识要求

一、厨房组织的特点

厨房组织是由厨房工作的目标、任务生产及其产品特点等以及环境情况所决定的。餐饮企业厨房工作的目标任务就是向顾客提供可口的、及时的直接享用的食品。这种厨房产品能食用，规格多、批量小，具有很强的个性（手工性）展示特征和要求，不适合规模化机器生产加工。厨房的生产是厨师技术性操作的过程，是烹饪艺术展示的过程，具有很强的特异性。厨房生产必须服从经营，再好的产品如果不能够得到很好的销售，就意味着这样的产品缺乏经营意义，不能够在市场中存活，厨房生产就要调整改变。由此，厨房组织必须按照厨房生产及其产品特点和经营需要进行设置与搭建，从而满足餐饮经营的总体需要。厨房组织主要有以下3个特点。

1. **整体性**

厨房产品不是通过一个环节就能制作出来的，它是由若干环节和步骤加工制作完成的。这是一个既复杂又完整的加工生产过程。在厨房加工生产过程中，一个产品的形成往往要经过采购原料、粗加工、刀工切配、烹调、装盘装饰等多个岗位人员分步骤完成。而每个岗位的工作又是由若干细化的单元工作项目构成，环环相扣，相互影响。如果缺失其中任何一个环节，都会影响到厨房生产加工。在现代厨房管理中，厨房组织的整体性设置尤为重要。

2. **专业化**

厨房生产是一个技术加工的过程，对每个岗位、每个环节都有很高的技术要求和规范。各岗位工作按专业分工独立运行，既保证了生产质量，又使得工作效率得到很大提高。比如，厨房粗加工是按粗加工品质要求组织生产加工，原料加工效果要符合净料率、涨发率、出成率等指标规格的要求。厨房刀工切割是按产品成型规格组织加工，原料切割效果要符合出成率、成形规格等专业指标要求。厨房烹调是按菜点成品要求组织加工，其效果要符合成品色、香、味、形等指标要求。由此看来，厨房组织的专业化特点是厨房产品品质的重要保障。

3. **职能化**

由于厨房组织的专业化特点，就把专业化工作相关度大的、一致的组合在一起，形成一个工种、一个岗位或是一个部门，并按在厨房生产中的作用赋予职能。每个工种、岗位或部门的职能不交叉，但又有关联。这就是我们看到的在厨房组织中的粗加工组、切配组、打荷组、烹调组、冷菜组、面点组、装饰组，等等。

二、厨房组织结构的类型

厨房组织结构是依据企业组织结构设置原则和围绕菜点生产与管理这一目标建立的，是厨房内部各构成部分及各部分之间所确立的相互关系的结构形式。厨房组织构成要根据餐饮经营规模、经营档次、生产方式和工作需要等情况进行设置。

厨房组织结构的类型多种多样。有些厨房组织结构庞大复杂，如五星级酒店和航空母舰型的餐饮集团的厨房，工作人员多则300～400人，少则几十到100人，规模大、部门多；有些厨房组织结构简单，如商务酒店和中小型餐厅的厨房，工作人员通常十几人到二十几人，规模小、部门少。

厨房组织结构类型的划分有利于帮助我们分析、研究各种不同的厨房组织内部各构成部分及各部分之间所确立的相互关系。厨房组织结构类型往往可以按餐饮经营规模、餐饮经营风格和厨房生产功能来划分。

1. 按餐饮经营规模划分

一般，按餐饮经营规模可将厨房组织结构划分为小型厨房、中型厨房和大型厨房3类。

（1）小型厨房

小型厨房指餐饮经营规模在300个餐位数以下的经营性厨房。其组织结构比较简单，生产部门有限，管理层次少，用工精练。小型厨房内涵丰富，形式多样，既可以规划在固定的场所，也可以是移动的、便捷的。例如小型餐饮的经营厨房，餐饮经营的明档和明炉，豪华包间和豪华酒店内的迷你厨房，行政楼层的加工厨房等，都属于小型厨房类型。小型厨房是对餐饮经营中要形成亮点、特色和品质做出的有益补充，一般适用于经营品种不复杂、风味特色鲜明的小型餐饮企业。

（2）中型厨房

中型厨房多指餐饮经营规模在500～600个餐位数以下的经营性厨房。中型厨房比小型厨房的规模、面积、用工人数、设备数都要相对大些，其组织结构显得要比小型厨房更复杂些，如按产品和功能划分了若干个生产部门，综合布局规划，岗位分工明确，职责分明，便于督导和监控。这种厨房组织结构类型主要适合于四星级以下酒店、中等规模的社会餐饮企业，以及中等规模的生产加工配送中心。

（3）大型厨房

大型厨房多指餐饮经营规模在 600 个餐位数以上的经营性厨房。大型厨房在规模、面积、用工人数、设备数等多方面都比中型厨房大，其组织结构也比中型厨房更为复杂，生产部门多，产品生产复杂，布局规划要求更高，管理难度较大。大型厨房在规模上可以是一个完整的大厨房，也可以是由众多中小型厨房组成的厨房群，从而在总体规模上较大。这种厨房组织结构类型主要适合于四星级以上的酒店厨房、大型规模的社会餐饮企业厨房，以及大型规模的生产加工配送中心。大型厨房组织结构把部门和岗位划分得更细，职责更加分明，协作配合在管理中要求更高。

2. 按餐饮经营风格划分

餐饮经营风格代表了企业的气质和特征，是细分市场的重要因素。按世界烹饪三大流派可将餐饮经营风格划分为中餐、西餐和伊斯兰餐。其中，中餐又可以分为川菜、粤菜、鲁菜、淮扬菜、湘菜、浙菜、徽菜、闽菜，以及官府菜、宫廷菜、私房菜、素菜等。西餐可分为法式大餐、意大利式、俄罗斯式、德国式、葡萄牙式等。伊斯兰餐可分为土耳其式、中东阿拉伯式、中国新疆清真菜、中国西北回族菜等。经营风格的不同会导致厨房布局、规划和设备选购的差异，餐饮企业选择什么样的经营风格，就必须建立与之相应的厨房。

（1）中餐厨房

中餐厨房即加工制作中式菜点的场所。中式厨房大体可分为以下 11 种：

1）川菜厨房

2）粤菜厨房

3）淮扬菜厨房

4）鲁菜厨房

5）湘菜厨房

6）徽菜厨房

7）浙菜厨房

8）闽菜厨房

9）宫廷菜厨房

10）素菜厨房

11）清真厨房

（2）西餐厨房

西餐厨房即制作西式菜点的场所。西餐厨房大体可分为以下7种：

1）法式大餐厨房

2）意大利菜厨房

3）葡萄牙菜厨房

4）西班牙菜厨房

5）希腊菜厨房

6）北欧菜厨房

7）俄国菜厨房

（3）伊斯兰菜厨房

伊斯兰菜厨房是制作伊斯兰菜点的场所。伊斯兰厨房大体可分为以下5种：

1）土耳其菜厨房

2）阿拉伯菜厨房

3）中国新疆维族菜厨房

4）中国西北回族菜厨房

5）印度菜厨房

（4）其他厨房

世界的美食风味多而广，遍及全球各地。除了上述风格的厨房外，还有相当多的各式风格厨房，主要包括以下5种：

1）日本料理厨房

2）韩国料理厨房

3）泰国菜厨房

4）越南菜厨房

5）巴西烧烤厨房

3. 按厨房生产功能划分

厨房生产功能是指把厨房总的生产任务按餐饮经营风格要求划分为若干个任务板块，每个任务板块即代表一项厨房生产功能。承担每一项生产功能的厨房即为相对独立的功能厨房。

（1）中餐厨房

1）加工厨房。加工厨房是厨房生产功能中一个最基础的厨房，有三大功能：一是原料的初加工，即对鲜活原料进行初加工，对干货原料进行涨发加工；二是原料的细加工，即原料的刀工处理，对原料的预加热处理；三是对加工后的原料进行合理的保藏管理。

如果把社会餐饮企业和酒店的加工厨房作比较，可以发现这两者对加工厨房的功能要求存在差别。一般社会餐饮企业的加工厨房的功能只是原料初加工和保藏，细加工工作主要放在热菜厨房；而酒店的加工厨房具有全部三个功能，所以通常酒店把加工厨房称为主厨房。

从现代餐饮经营最新的情况看，有些餐饮企业为了提高经营效益，减少用工成本，保证原料品质，把加工厨房的大部分工作前置于本企业外的原料采购加工市场。

2）冷菜厨房。冷菜厨房是加工制作冷菜和完成冷菜出品的场所。冷菜厨房一般独立设置，不得与加工厨房、热菜厨房混合设置。冷菜厨房有三个功能：一是制作冷菜。冷菜分为两类，即需要加热烹制的和不需要加热烹制的。需要加热可利用热菜厨房加热设备，也可独立设置，如烧腊厨房、加热厨房等。二是出品供应，即按冷菜的品质标准装盘出品。三是原材料保藏，即按成品、半成品和原料的生熟要求分别保藏。

3）面点厨房。面点厨房是加工制作米面及各种杂粮制品的场所，是小吃厨房、点心厨房、包饼房、饼屋、蛋糕房等的统称。面点厨房一般是独立设置，其功能有三个：一是加工制作面点小吃。面点厨房可分为加工区和烹制区。烹制区一般是在厨房内独立设置，不与热菜厨房混用加热炉灶；也可在热菜加工区专设几个煎炸烤煮的位置作为烹制区。二是出品供应，即按面点小吃品种要求装盘出品。三是原料保藏，即按成品、半成品和原料的生熟要求分别保藏。

4）热菜厨房。热菜厨房是加工烹制菜肴的场所，是厨房最核心的部分，也是规模比例最大的部分。热菜厨房通常包含加工切配区和烹调出品区两个部分，这两个部分有机相连，不可分开。加工切配区负责将原料按菜肴规格分档、切割、归类、保藏和搭配，是烹制出品的补给站；烹调出品区负责菜肴制作出品。按烹制的若干要求，烹调出品区还可细分为烹调出品区、煎炸烤制区、制汤区、蒸制区，等等。

（2）中西式结合厨房

1）咖啡厅厨房。咖啡厅厨房在酒店里也称为自助餐（Buffet）厨房，多为中西式结合的，以西式为主。厨师将烹制好的冷、热菜肴及点心陈列在餐厅的长条桌上，由客人自己随意取食，自我服务，也可现场点餐。咖啡厅厨房由多个食物制作的档口厨房组成，这些档口都是开放式厨房，主要的档口有冷食区（沙拉、刺身、凉菜）、热食区（热菜、铁板烧、烧烤）、小吃区（米、面、面包、蛋糕、饼）、水果区、果汁区、酒品区，等等。

2）烧烤厨房。烧烤厨房是采用各种工具设备，通过使用明火或暗火烤，对食材原料烤制成熟的加工场所。在酒店里烧烤厨房是一道风景线，非常有特色和风格，在不同的地区和不同的酒店还具有各异的风情。烧烤厨房一般规模不大，多采取开放式厨房设计，便于客人观看和与客人互动，菜式风格以中西式结合为主。因烧烤燃料选取不同，烧烤厨房的设计布局和设备存在着差异，典型的有巴西烧烤厨房、土耳其烤肉厨房。

（3）宴会厨房

宴会厨房是专门为宴会提供菜点生产出品的场所。一般高星级酒店都设有宴会厅和专门的厨房，其规模都比较大。宴会厨房包含了冷菜加工区、面点加工区、切配加工区、菜肴烹制区和初加工区等多个功能区，是一个综合性大厨房。

（4）快餐厨房

快餐厨房是专门生产加工简便快捷的餐食的加工场所。其分为中式的和西式的两类。快餐厨房的设计布局简洁流畅，设备先进、生产效率高，以加热为主，生产加工为辅，原料和成品供应依赖于中央厨房配送。

（5）中央厨房

中央厨房是为各个连锁门店提供成品、半成品或食材原料的生产加工配送中心。中央厨房是多种功能厨房的集合体，集合哪些厨房功能是根据经营连锁的具体情况而定的，其规模大小的选择也根据经营规模和具体要求而定。

特别提示：

厨房的组织形态是动态的，它将随同内外环境因素、社会技术进步、厨师素质等客观条件的变化而不断变动和调整，以反映厨房生产各部门、各岗位之间的最新关系。

三、厨房组织结构

1. 小型厨房组织结构

小型厨房的组织结构比较简单，生产部门有限，管理层次少，用工精练。在这种组织结构中，厨师长主要行使的是技艺操作职能，管理职能比较弱化。在社会分工越来越细的情况下，还可以将组织结构调整得更为精练，例如，超市和商场能够提供很多速冻点心，如果购买方便的话，可以将点心组精简掉。

2. 中型厨房组织结构

中型厨房的组织结构特点是按照菜点加工程序、菜点品种特性分为若干部门。每一部门由一名领班厨师负责日常管理和菜点品种生产。厨房设一名不脱产或半脱产的厨师长负责管理厨房内全部工作。这种组织结构属于职能直线管理结构，岗位分工明确，职责分明，便于督导和监控。这是一种广为使用的厨房组织结构类型，如图 1—1 所示。根据餐饮经营的需要，还可以考虑增设明档、明炉等加工部门，其归属于炉子组管理，也可独立设置。

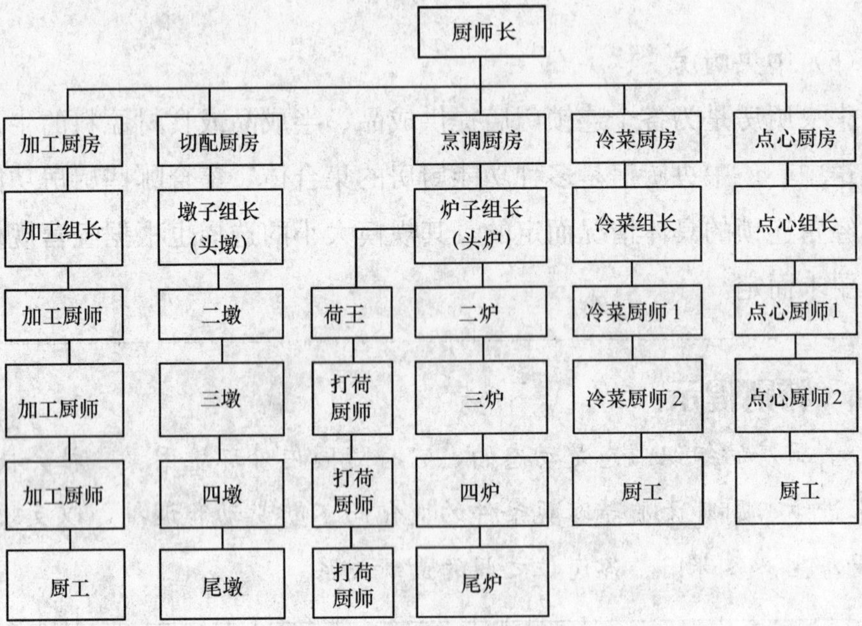

图 1—1　中型厨房组织结构图

3. 大型厨房组织结构

大型厨房组织在结构上类似于中型厨房，但更复杂。大型厨房组织可以将厨房分为若干部分或分为若干个风味厨房。由于大型厨房供应的菜点种类、数量繁多，根据工种及菜点品种的特征，大型厨房在中型厨房基础上，对部门内部员工的工作岗位更加细化，加强了岗位的专业、专一化生产，从而保证了菜点品种质量的稳定。

大型厨房常设一名行政总厨全面负责厨房生产及管理工作，另设一名总厨助理，协助行政总厨进行厨房生产和管理。根据工种设立岗位厨师长或部门主管，具体负责本岗位或部门的生产和管理工作。

学习单元 2　厨房组织结构设计

学习目标

- 熟悉厨房组织结构设计的原则和要求。
- 熟悉厨房组织结构的主要形式和内容。
- 掌握厨房组织结构设计步骤。
- 能够绘制厨房组织结构图。

知识要求

现代餐饮企业厨房组织结构设计是一项重要工作，它除了确定组织结构模式、确定生产部门和工作岗位、绘制组织架构图等外，还必须完成系列管理文件的编制，才能发挥组织结构的功效，利于管理和实现餐饮经营目标。

一、厨房组织结构设计的原则和要求

1. 厨房组织结构设计的原则

厨房的组织结构是指厨房内各个构成部分相互之间所确定的关系形式，让你明确你的上级是谁，谁是你的下级，你的职责是什么，你享有何种权力。

厨房组织结构设计是厨政管理人员的一项职责任务，其设计应遵循以下原则：

（1）专业化与劳动分工原则

专业化与劳动分工原则是将全部厨房内工作或任务分成各种专业化的任务，然后把这些专业化任务分到群体或个人，形成不同的部门，从

而使人们从专业化和劳动分工中得到经济上、技术上的好处的一项组织设计的基本原则。例如厨房内形成的各个部门，如烹调部门、冷菜部门、面点部门等，就是这一原则的体现。在厨房整体运作上，这些部门又必须分工协作地工作，从而使厨房组织形成一个有机整体。

（2）等级原则

等级原则是将厨房内的职权、职责按上下级关系进行划分的一项原则。遵循这一原则，上级指挥下级，下级则听从一个上级指挥，组成一个垂直等级结构，以实现统一指挥。例如厨房内设置了总厨、厨师长、主管、领班，就是等级原则的体现。

（3）责、权一致原则

责、权一致原则是厨房内一定人员负责某项任务，就应赋予其相当的职权，有职有权、责权一致。遵循这一原则，厨房组织机构的每一个层次每一个岗位都应有相应的责、权，从而保证厨政事务的完成。

（4）管理幅度适当原则

管理幅度又称控制幅度。管理幅度适当原则指一个上级能够有效地管理或控制的下属人数。一般认为管理幅度的大小，受到管理者的管理能力、职能的相似性、复杂性，被管理人员之间相互协作的需要程度，下属对指挥的要求程度和地理距离远近等因素的影响。在设计建立厨房组织结构时，一定要考虑管理幅度对厨房管理带来的影响，遵循管理幅度适当原则。例如在确立多层次的管理幅度大小时，要与餐饮企业的规模大小相一致；规模大的，管理层次就多，而处于管理层次上层的管理幅度小，处于管理层次下层的管理幅度大。所以行使厨政管理职能的厨政管理人员（行政总厨），不可能管理厨房内各种琐碎的事，主要管理好各店厨师长，更多考虑厨政建设和发展的事。

2. 厨房组织结构设计的基本要求

（1）结构明晰

在厨房组织结构中，每个人，上至行政总厨，下到厨工，都应知道自己处于什么位置，直接领导是谁，直接管理的下属是谁，应该做什么，明确自己的任务。

（2）指引方向

厨房组织结构设计要使每个厨房员工清楚自己在厨房中的位置和未来发展方向。结构层级关系也就是员工的发展空间，使员工有希望、有目标。

（3）稳定性和适应性

厨房组织结构一旦建立，需要有一个相对稳定期，但稳定不是僵化，还需要高度的适应性。既稳定又灵活，才能在不断变化的餐饮竞争环境中生存和发展。

二、厨房组织结构的主要形式和设计内容

1. 厨房组织结构的主要形式

（1）直线制

直线制是一种最早也是最简单的组织形式。它的特点是企业各级行政单位从上到下实行垂直领导，下属部门只接受一个上级的指令，各级主管负责人对所属单位的一切问题负责。直线制组织结构的优点是：结构比较简单，责任分明，命令统一。缺点是：它要求行政负责人通晓多种知识和技能，亲自处理各种业务。

餐饮企业的厨房组织结构多采用直线制这种形式。

（2）直线职能制

直线职能制，也叫生产区域制，或直线参谋制。这种组织结构形式是把企业管理机构和人员分为两类：一类是直线领导机构和人员，按命令统一原则对各级组织行使指挥权；另一类是职能机构和人员，按专业化原则，从事组织的各项职能管理工作。直线领导机构和人员在自己的职责范围内有一定的决定权和对所属下级的指挥权，并对自己部门的工作负全部责任。而职能机构和人员，则是直线指挥人员的参谋，不能对直接部门发号施令，只能进行业务指导，如公司总部的厨务总监、生产部长等。

直线职能制组织结构的优点是：既保证了企业管理体系的集中统一，又可以在各级行政负责人的领导下，充分发挥各专业管理机构的作

用。其缺点是：职能部门之间的协作和配合性较差，职能部门的许多工作要直接向上层领导报告请示才能处理，这一方面加重了上层领导的工作负担，另一方面也造成办事效率低。

连锁餐饮企业的厨房组织结构都采用这种形式。

厨房组织结构设计是餐饮企业整体组织设计中的一个组成部分，必须符合整体设计的要求。

2. 厨房组织结构设计的内容

厨房组织结构设计包含职能设计、框架设计、协调设计、规范设计、人员设计和激励设计 6 项主要内容。

（1）职能设计

职能设计是指厨房在经营中的职能和厨房管理职能的设计。厨房作为一个经营部门，要根据企业经营任务设计经营、管理职能。如果厨房中的有些职能不合理，那就需要进行调整，对其弱化或取消。如果厨房中还需增加新的经营项目，可以在现有结构上增设管理职能。

（2）框架设计

框架设计是厨房组织结构设计的主要部分，主要是研究分工，其内容简单来说就是纵向的分层次、横向的分部门。

（3）协调设计

协调设计是指协调方式的设计。协调方式的设计就是研究分工的各个层次、各个部门之间如何进行合理的协调、联系、配合，以保证其工作的高效率，发挥管理系统的整体效应。厨房组织结构设计包括厨房内部协调和厨房外部协调两个方面的设计。

（4）规范设计

规范设计即管理规范的设计。所谓管理规范是指管理的规范和准则，也就是企业的规章制度。厨房组织结构设计最后要落实、体现为规章制度。管理规范设计能保证厨房各个层次、部门和岗位，按照统一的要求和标准进行配合协调行动。

（5）人员设计

人员设计就是厨房人员配备的设计。按照组织设计的要求，对厨房各个层次、部门和岗位配备相应数量和质量的人员。

（6）激励设计

激励设计就是设计激励制度，对厨房人员进行激励，其中包括正激励和负激励。正激励包括增长工资、福利等各种奖励；负激励包括各种约束机制，也就是所谓的惩罚制度。

特别提示：

厨房组织结构的确立，要与整个餐饮经营的整体结构相适应，要符合餐饮企业组织文化、企业环境和社会心理的客观要求。

厨房组织结构设计是餐饮企业整体组织结构设计中的一个组成部分，必须符合厨房生产特点和餐饮经营需要，必须符合整体设计的要求。厨房组织结构设计是一项复杂的工作，必须充分考虑职能、框架、协调、规范、人员和激励6项主要内容。其中职能、框架、协调、人员设计是组织结构设计的核心，规范和激励是保障。

厨房组织结构设计的方法是，首先要根据餐饮经营总目标和总任务科学地确定厨房工作的全部任务，然后按照厨房工作专业化、工作流程、技术特点及人的社会需求等原则和要求，分配到员工个人和群体，构成员工个人职位和群体任务。厨房组织结构要依据管理幅度和合理分工原则划分部门和层次，同时实行因事设职，因职择人。

能力要求

一、厨房组织结构设计步骤

一个完整的厨房组织结构设计主要有以下10个基本步骤：

第一步，选择确定组织结构的基础模式。根据餐饮企业的实际，选择确定一个典型的组织模式作为企业组织结构的基础模式。一般餐饮企业选择直线职能制和直线制的较普遍。

第二步，分析确定厨房生产目标工作量。要考虑的变量有二：一是企业的规模；二是企业的行业性质。

第三步，确定工作部门。根据厨房生产目标工作量和产品类别来确定厨房内各主要生产部门。

第四步，确立下级部门或岗位的设置。根据厨房各主要生产部门目标工作量和产品生产工艺的要求确定是否需要设立下级部门，以及设立多少工作岗位。

第五步，绘制组织结构图。这一步工作要求直观地勾画出整个厨房各部门和岗位之间的关系。

第六步，拟定厨房部门和岗位管理职能文件。这一步工作也就是为厨房组织结构确立规范。厨房部门管理职能文件是具体描绘厨房内部各个部门和岗位作用，该由哪些部门或者岗位来具体承担，以及所承担的内容，并对职责和权力进行界定。

第七步，根据厨房部门和岗位管理职能文件撰写组织说明书。在厨房组织结构图的基础上，分析界定各个部门和岗位的具体工作职责、所享有的权力、信息传递路线等。

第八步，拟定厨房各部门和岗位工作标准，明确界定各个单位、部门和岗位的工作职责、工作目标、工作要求。

第九步，根据第六步到第八步内容撰写厨房工作说明书，除了界定前述内容外，还要明确界定各岗位任职的条件和资格。

第十步，就上述文件进行汇总讨论，通过后正式颁布。

二、绘制厨房组织结构图

厨房组织结构图是表现厨房员工、工作职级和厨房群体关系的一种图表，它形象地反映了厨房内各部门、岗位上下左右相互之间的关系。厨房组织结构图是厨房组织结构的直观反映，也是对厨房组织功能的一种侧面诠释。

厨房组织结构图具有四个作用：一是显示厨房各部门职能的划分。二是知道部门和岗位权责是否适当。三是可以看出晋升的渠道是否畅通。四是可以使厨房员工清楚自己组织内的工作，加强其参与工作的欲望；其他部门的人员也可以明了其他部门的工作，增强组织的协调性。

绘制厨房组织结构图是厨政管理者必须完成的一项基本工作，其主要有以下 5 个步骤：

第一步，确定厨房组织结构模式。一般的厨房内部组织结构都采用直线制。

第二步，分析厨房生产目标工作量。依据企业的经营性质和规模，估算厨房生产目标工作量，选择是按中餐厨房或是西餐厨房来设计，还是按大型、中型或是小型厨房规模来设计。

第三步，在第二步基础上，确定厨房部门，即确定功能厨房。按企业经营性质，如果选择中餐厨房来设计，可考虑设置加工厨房、冷菜厨房、面点厨房、热菜厨房、切配厨房，如图 1—2、图 1—3 所示；如果选择西餐厨房来设计，可考虑设置加工厨房、沙拉厨房、包饼厨房、扒房等，如图 1—4 所示。按企业的规模来设计可在上述功能厨房选择上进行增减。

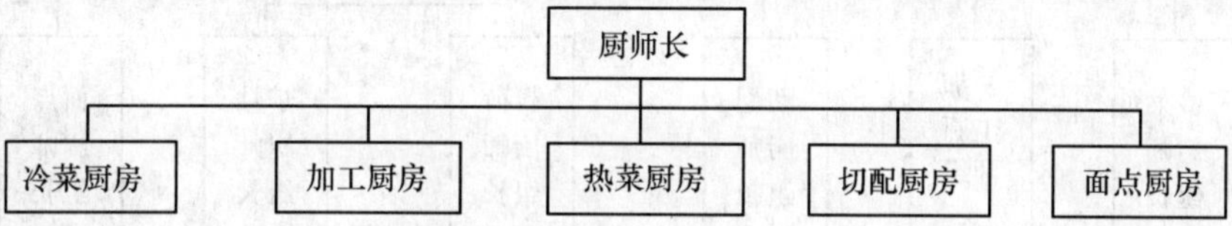

图 1—2　直线制小型中餐厨房组织结构图（一）

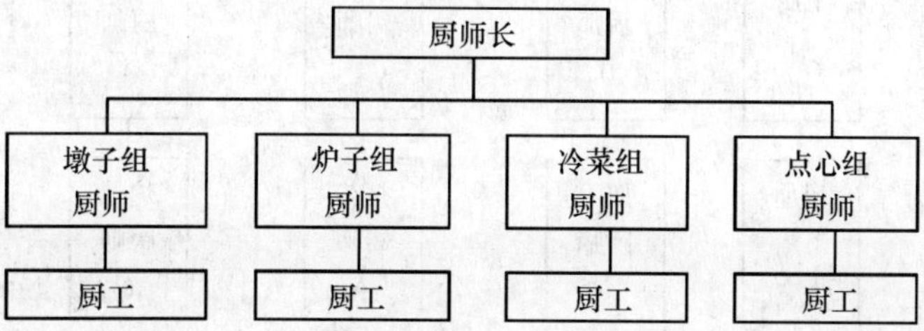

图 1—3　直线制小型中餐厨房组织结构图（二）

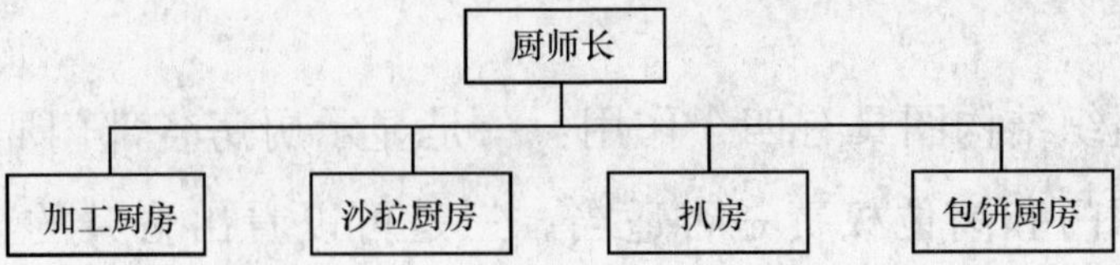

图 1—4　直线制西餐厨房组织结构图

第四步，根据厨房生产目标工作量、产品结构和工艺要求，确定工作岗位和岗位层级关系，如图 1—5、图 1—6 所示。另外，根据企业经营

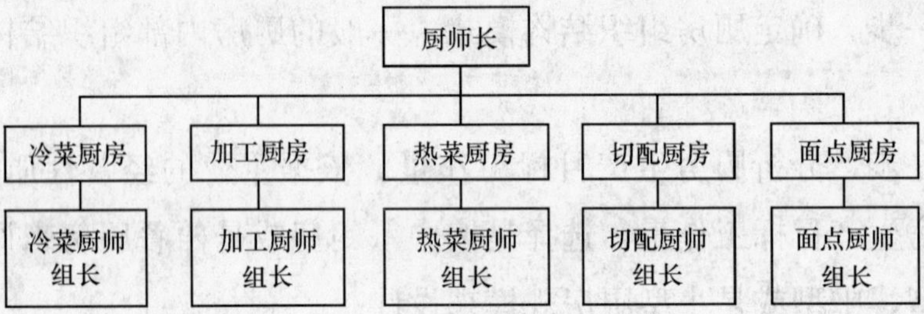

图 1—5　各功能厨房及管理骨干结构图

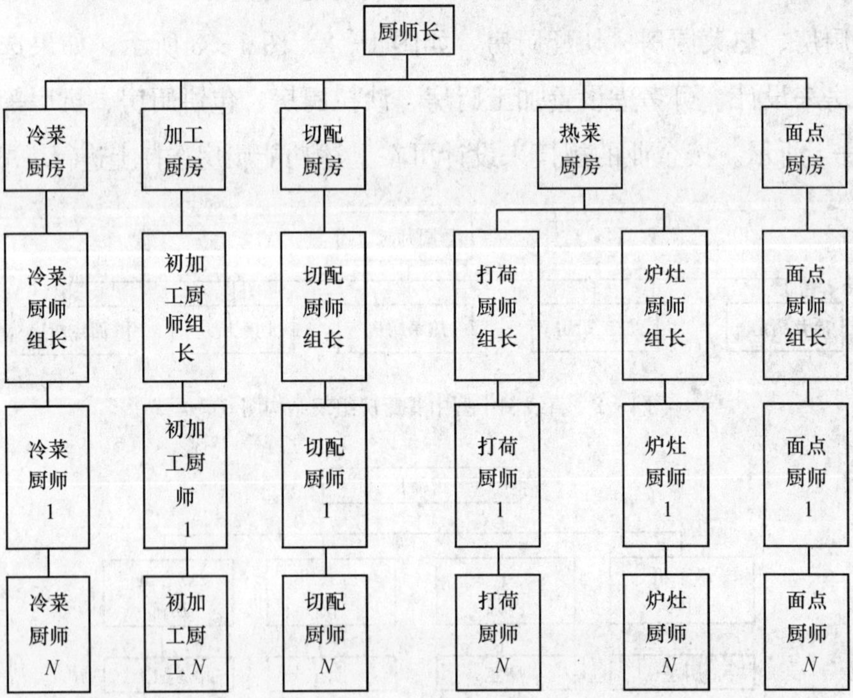

图 1—6　各功能厨房、管理骨干、工作人员结构图

规模和性质，还可考虑各功能厨房是否需要再进行功能细分，如根据企业经营风格，热菜厨房是否需要划分出烧烤部门，划分子烹饪、明档部门等。

第五步，完成厨房组织结构图的绘制。通过上述几个步骤的分析，确定部门的职能细分和岗位数量，确认从“1”到“N”的层级和数量，完成整个厨房组织结构图的绘制。

完成厨房组织结构图的绘制后，还需要完成厨房系列管理文件的编制。

特别提示：

现代餐饮（酒店）业厨房组织结构设计是一项重要的工作，它除了确定组织结构模式、确定生产部门和工作岗位、绘制组织架构图等外，还必须完成系列管理文件的编制，才能发挥组织结构的功效，利于管理和实现餐饮经营目标。

【案例 1—1】

某国际五星级酒店厨房组织结构

酒店类型：×××国际奢华度假酒店

酒店位置：中国成都

酒店餐饮介绍：酒店拥有风格各异的餐厅和酒吧。“咖啡厅”将国际美食注入老成都风味的创新元素；“意大利餐厅”供应自制意大利面和木炭烘烤的披萨等意大利地道美食。“法国风情烤肉店”供应精致的法国佳肴及葡萄美酒；“中国餐厅”以海鲜和川粤季节风味菜著称；“包饼房”以自制烘焙美食闻名；“泰国菜”餐厅专门经营泰国美食风味（见图 1—7）。

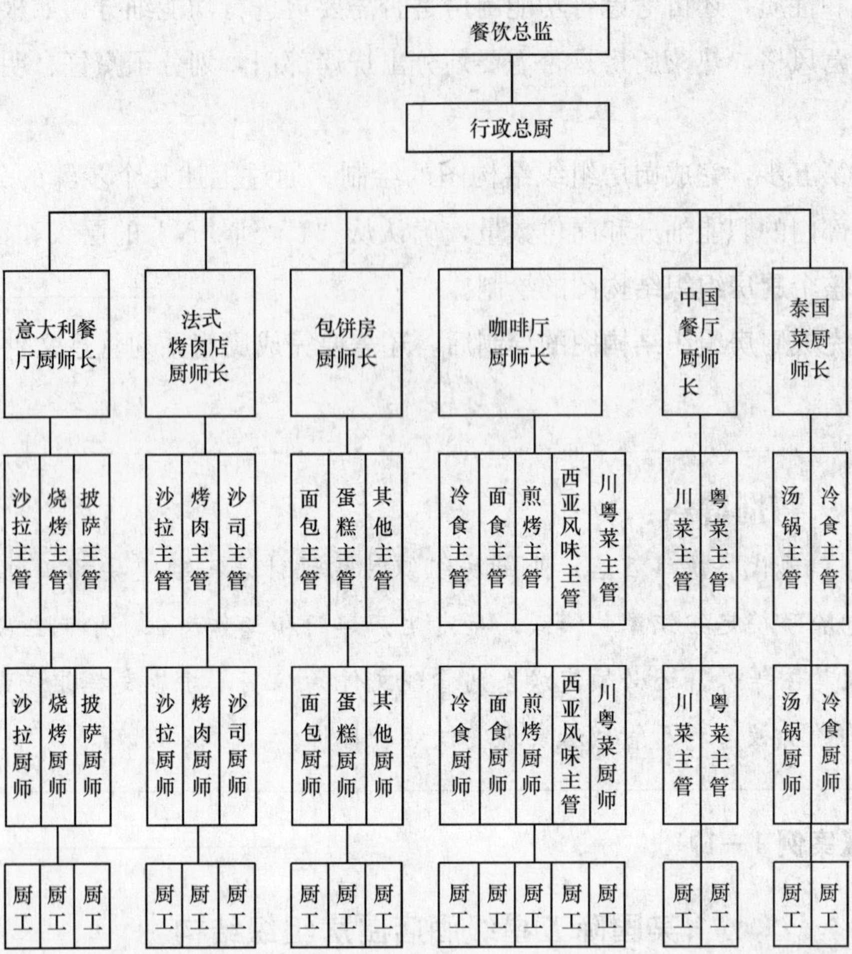

图 1—7　某国际五星级酒店厨房组织结构图

第 2 节　编制厨房部门职责

厨房部门设置是搭建厨房组织结构的基石。当厨房组织结构搭建好后，就必须建立、完善厨房各部门的基本职能，明确部门内各岗位的基本职责，使厨房员工进一步明白“做什么”“怎样做”以及相互间的工作关系等。

学习单元 1　厨房加工部门职责

学习目标

➢掌握厨房加工部门职责和任务。

➢能够编制厨房加工部门职责。

知识要求

厨房加工部门职责和任务

厨房加工部门的工作是为切配部门及其他部门（冷菜部门、面点部门）提供初加工原料。厨房加工部门是由水案（水台）领班、水案（水台）厨师、加工组领班、加工组厨师等多个岗位和人员构成，其职责和任务的总体描述是负责对进货原料的喂养、宰杀、拣摘、削剥、涨发、洗涤、整理、保藏等工作。

因此，厨房加工部门的主要职责和任务是：

（1）对海鲜、河鲜喂养与喂养池管理。

（2）对海鲜、河鲜、家禽、野禽及小型肉类动物性原料加工、归档、保藏。

（3）对新鲜植物性原料加工、归档、保藏。

（4）对干货原料加工、归档、保藏。

（5）在菜单供应菜品的原料不足时，向厨师长提出原料增加采买计划，保证供应。

（6）保证加工厨房的卫生与安全。

（7）对工作设备、工具维护与管理。

（8）参与原料的验收、入库工作。

（9）主动与原料使用部门保持良好沟通。

综上所述，厨房加工部门的职责任务主要有三点：一是鲜活原料初加工；二是干货原料涨发加工；三是原料的保管储藏。

能力要求

厨房加工部门职责的编制

编制厨房加工部门职责主要有5个步骤：

（1）根据餐饮酒店企业具体经营情况和菜单要求，确定加工部门的工作内容和主要职责。

（2）将菜单中各类菜点所需原料进行分类，确认原料类型和加工方式，以此为根据编制加工部门职责和任务。

（3）将工作设备工具维护、环境维护、安全维护纳入职责范畴。

（4）将工作协调沟通纳入职责范畴。

（5）将各项工作任务和职责进行汇总、整理加工，最终形成“厨房加工部门职责”。

特别提示：

编制厨房部门职责要突出主要的和关键的，要把工作内容和工作任务全部概括，不能将要做的工作遗漏。另外，要做到言语精练，操作方便，便于阅读、便于操作、便于督导。

学习单元 2　厨房炉灶部门职责

学习目标

- 掌握厨房炉灶部门职责和任务。
- 能够编制厨房炉灶部门职责。

知识要求

厨房炉灶部门的职责和任务

炉灶部门负责菜品出品，是厨房工作的核心环节。炉灶部门可细分为炒灶、蒸灶、炸炉、汤炉、明炉、打荷等，由头炉、二炉、三炉直至尾炉，蒸灶厨师、炸炉厨师、汤锅厨师、打荷厨师等多个岗位构成。

厨房炉灶部门的职责和任务的总体描述是负责将配制好的菜肴加工烹制成符合菜品风味要求的成品，并及时有序地出品。此外，还负责对加工后原料的初步熟处理和半成品加工。具体包括 11 个方面：

（1）对菜单中热菜进行加工烹调。

（2）对烹制的菜肴进行装盘、装饰、出品。

（3）对加工原料进行初步熟处理加工。

（4）根据经营的需要，对菜单热菜品种进行半成品加工。

（5）创新菜品试制。

（6）对炉灶正确使用及基本维护。

（7）对炉灶设备、抽油烟设备及其他工具维护与管理，并保证工作环境卫生与安全。

（8）与切配部门、加工部门和餐厅前台销售服务部门保持良好沟通。

（9）对餐厅前台销售服务部门进行菜品知识培训。

（10）参与原料申购单的制定。

（11）参与经营菜单的编制和修订工作。

特别提示：

打荷岗位在厨房工作中起着重要的作用，关系到出品，影响到厨房工作的节奏和效率。打荷的主要工作有菜品装饰摆盘、装饰料切割组配、浆糊调制、餐具选择盛装等。

能力要求

厨房炉灶部门职责的编制

编制厨房炉灶部门职责主要有 7 个步骤：

（1）根据餐饮酒店企业菜单要求和管理要求，确定炉灶部门的工作内容和主要职责。

（2）将菜单中热菜进行分类归总，确认菜品类型、加工烹制方式和准备的程度，以此为根据编制炉灶部门职责和任务。

（3）将工作设备工具维护、环境维护、安全维护纳入职责范畴。

（4）将工作协调沟通纳入职责范畴。

（5）将与部门工作联系紧密的其他部门的协作工作纳入职责范畴。

（6）将促进企业发展的创新性工作纳入职责范畴。

（7）将各项工作任务和职责进行汇总、整理加工，最终形成“厨房炉灶部门职责”。

特别提示：

厨房炉灶部门是厨房工作的核心部分，炉灶部门的职能涉及面比较宽，所以在编制时要做到既详尽全面，又突出重点。

学习单元 3　厨房切配部门职责

学习目标

➢ 掌握厨房切配部门职责和任务。

➢ 能够编制厨房切配部门职责。

知识要求

厨房切配部门职责和任务

厨房切配部门的主要工作是对经营菜品进行切割和组配，同时还要对原料进行保管保藏。切配部门主要由头墩、二墩、三墩和普通墩子厨师等多个岗位构成。

厨房切配部门职责和任务的总体描述是根据经营和烹调的需要，按规格、分部位对经过初加工后的原料进行切割处理，并按菜品搭配的要求配菜，为下一步烹调做准备。同时还要做好原料分档、归档处理，以及原料、半成品和成品菜肴的保藏、保鲜。具体包括 11 个方面：

（1）对经营菜单所需原料按规格和要求进行切割加工和分档处理。

（2）按菜品特点和成本毛利的要求进行原料组配。

（3）对原料进行分类归档，根据需要选择冷冻或冷藏保鲜。

（4）对半成品或成品菜肴妥善保藏管理。

（5）对冰箱、冰柜或冷冻库、保鲜库管理。

（6）对工作设备、工具正确使用与维护。

（7）对经营中告罄的原料和菜品通知餐厅销售服务部门。

（8）与炉灶部门和加工部门保持良好的工作沟通。

（9）参与菜肴设计创新工作。

（10）参与经营菜单的编制和修订工作。

（11）参与原料申购单的制定工作。

特别提示：

切配部门有两大职责，一是按菜品规格切割，二是按标准配菜。前者保证菜点规格质量，后者保证菜点成本和利润，同时也是保护消费者的权益。

能力要求

编制厨房切配部门职责

编制厨房切配部门职责主要有 9 个步骤：

（1）根据餐饮酒店企业菜单要求和管理要求，确定切配部门的工作内容和主要职责。

（2）根据菜品特点和规格要求编制原料切割工作职责和任务。

（3）根据菜品成菜要求编制菜肴组配工作职责和任务。

（4）根据经营情况和要求确定日常原料申购单编制工作。

（5）将冰箱、冰柜或冷冻库、保鲜库管理纳入职责范畴。

（6）将工作设备工具维护、环境维护、安全维护纳入职责范畴。

（7）将与部门工作联系紧密的炉灶部门、加工部门、前厅销售部门的协作工作纳入职责范畴。

（8）将促进企业发展的创新性工作纳入职责范畴。

（9）将各项工作任务和职责进行汇总。

特别提示：

厨房切配部门是厨房的指挥控制中心，负责组织安排菜品生产加工和原材料成本控制，是出品速度、顺序和质量的保证。厨房切配部门职责的编制要把指挥控制突出彰显，以示重视。

学习单元 4　厨房冷菜部门职责

学习目标

- 掌握厨房冷菜部门职责和任务。
- 能够编制厨房冷菜部门职责。

知识要求

厨房冷菜部门职责和任务

厨房冷菜部门的主要工作是加工制作冷食菜品。该部门由冷菜组长、冷菜厨师、雕刻厨师等多个岗位构成。

厨房冷菜部门职责和任务的总体描述是负责各式冷菜的制作，如卤菜、烧烤、开胃菜、拼盘、刺身等。同时还负责宴会、筵席席面的装饰、雕刻、造型等任务。具体包括 12 个方面：

（1）对菜单中的冷菜进行加工烹制。

（2）对冷菜成品进行切割装配、装饰和出品。

（3）为宴会、筵席提供食雕艺术造型作品。

（4）对原料、半成品或成品菜肴妥善保藏管理。

（5）对冷菜间的冰箱、冰柜管理。

（6）对工作设备、工具正确使用与维护。

（7）保证工作环境卫生与安全，保证原材料和成品卫生安全，保证工作人员个人卫生安全。

（8）与加工部门和餐厅前台销售服务部门保持良好沟通。

（9）对餐厅前台销售服务部门进行菜品知识培训。

（10）参与原料申购单的制定。

（11）参与经营菜单的编制和修订工作。

（12）创新菜品试制。

特别提示：

厨房冷菜部门的工作独立运行，制作冷菜所需的各个程序或流程都由冷菜部门独立操作完成，如制作冷菜涉及的原料初加工、细加工、烹制加热、出品装盘，等等。冷菜部门工作是整个厨房工作的缩影。

能力要求

编制厨房冷菜部门职责

编制厨房冷菜部门职责主要有 10 个步骤：

（1）根据餐饮酒店企业菜单要求和管理要求，确定冷菜部门的工作内容和主要职责。

（2）根据冷菜品种特点和规格要求编制原料和成品切割、组配、装盘的工作职责和任务。

（3）将保证原料和成品食品安全纳入职责范畴。

（4）根据经营情况和要求确定日常原料申购单编制工作。

（5）将冰箱、冰柜管理纳入职责范畴。

（6）将工作设备工具维护、环境维护、安全维护纳入职责范畴。

（7）将工作协调沟通纳入职责范畴。

（8）将与部门工作联系紧密的加工部门、前厅销售部门的协作工作纳入职责范畴。

（9）将促进企业发展的创新性工作纳入职责范畴。

（10）将各项工作任务和职责进行汇总。

特别提示：

编制厨房冷菜部门职责，除了对产品制作的职责加以详细描述外，还必须把原材料和菜品的食品安全问题放到重要的位置上，赋予职责要求并详尽表达。厨房冷菜部门的冷菜卫生安全要求极高，是最容易出现问题的部门，故应引起足够重视。

学习单元 5　厨房面点部门职责

学习目标

- 掌握厨房面点部门职责和任务。
- 能够编制厨房面点部门职责。

知识要求

厨房面点部门职责和任务

厨房面点部门的主要工作是将原料加工制作成面点品种。大型星级酒店的面点部门一般都进行了细分，如成立小吃部、西点部、饼房、面包屋等。厨房面点部门由面点组长、中点厨师、西点厨师等多个岗位构成。

厨房面点部门职责和任务总体的描述是负责以各种米、面或其他淀粉类原料制作成面点品种。具体包括 12 个方面：

（1）对菜单中的面点小吃品种进行加工制作。

（2）对面点小吃品种进行切割装配、装饰和出品。

（3）为宴会、筵席提供面食艺术造型作品。

（4）对原料、半成品或成品菜肴妥善保藏管理。

（5）对面点房的冰箱、冰柜管理。

（6）对工作设备、工具正确使用与维护。

（7）保证工作环境卫生与安全、原材料和成品卫生安全、员工个人的卫生安全。

（8）与加工部门和餐厅前台销售服务部门保持良好沟通。

（9）对餐厅前台销售服务部门进行面点小吃品种知识培训。

（10）参与原料申购单的制定。

（11）参与经营菜单的编制和修订工作。

（12）创新面点小吃品种试制。

特别提示：

厨房面点部门也是独立运行的，如从原料的初加工（原料的削剥、切割、洗涤）、精加工（如做饺子的揉团、搓条、下剂、擀皮、包馅等）、加工烹制、出品装盘等都是由其独立完成。因此，厨房面点部门的职能涉及面就比较宽。

能力要求

编制厨房面点部门职责

编制厨房面点部门职责主要有 9 个步骤：

（1）根据餐饮酒店企业菜单要求和管理要求，确定面点部门的工作内容和主要职责。

（2）根据面点小吃品种特点和规格要求编制原料和成品切割、组配、加工、装盘的工作职责和任务。

（3）根据经营情况和要求确定日常原料申购单的编制工作。

（4）将冰箱、冰柜管理纳入职责范畴。

（5）将工作设备工具维护、环境维护、安全维护纳入职责范畴。

（6）将工作协调沟通纳入职责范畴。

（7）将与部门工作联系紧密的加工部门、前厅销售部门的协作工作纳入职责范畴。

（8）将促进企业发展的创新性工作纳入职责范畴。

（9）将各项工作任务和职责进行汇总。

特别提示：

由于厨房面点部门独立运行，其职能涉及面比较宽，不同酒店餐饮企业厨房面点产品不同，这就要求编制厨房面点部门职责时，要全面把握、充分考虑、兼顾产品制作具体要求，赋予该部门应有的职责。

第 3 节　编制厨房员工岗位职责

学习单元 1　厨房管理人员岗位职责

学习目标

➢熟悉行政总厨、行政副总厨岗位职责。

➢掌握加工组长、切配组长、面点组长、冷菜组长和炉灶组长岗位职责。

➢掌握编制岗位职责的基本原则。

➢能够编制厨房管理人员岗位职责。

知识要求

一、厨房管理人员的基本构成

厨房管理人员主要包括行政总厨、行政副总厨、厨师长、副厨师长以及各部门组长或领班。不同角色代表不同的工作岗位，行使不同的岗位管理职责。在没有设置行政总厨的企业，厨师长就起到行政总厨的职能，担负起行政总厨的职责。行政副总厨多在西餐企业或国际五星级酒店厨房中设置，在中餐厨房里很少有这一职位。

从职业上看，厨政管理师是一个崭新的职业，包含了从事餐饮企业（饭店）厨房生产和行政的全部人员。中国人力资源和社会保障部颁布了《厨政管理师（试行）国家职业技能标准》，提出具备了厨政管理师职业资格的人员可以是行政总厨、副总厨、厨师长和餐饮总监、经理等。从职级岗位来看，厨政管理人员主要是指行政总厨、行政副总厨、厨师长、主管、领班等。但从厨房管理运行来讲，厨房管理者远不止上述所列的岗位和人员，每个厨房员工都是厨房管理者，他们都有管理对象，工作都需要计划、组织安排和实施。如果厨房员工全员参与厨政管理，那么厨房工作的效率和质量将会得到极大提升。

二、编制岗位职责的基本原则

1. 整体性原则

岗位职责作为岗位管理的基础，要具有整体性，要考虑与聘任、考核、绩效、薪酬等管理工作的衔接。

2. 科学性原则

岗位职责要具有科学性，要通过工作分析的科学手段和技术，全面了解、获取与工作相关的详细信息，从而制定出详细、准确的岗位职责。

3. 整分合原则

岗位职责要体现每个岗位的明确分工和岗位间的有效整合，使各岗位职责明确且上下左右之间同步协调，以发挥最大的组织效能。

4. 对应性原则

要求每一专业技术职务岗位都要编制一份岗位职责，且不同岗位说明书的内容要充分显示岗位间的真正差异。

5. 客观性原则

岗位职责要具有客观性，以“事”为中心，是针对岗位和任职者的。

6. 规范性原则

规范性原则一方面是指岗位职责的格式要一致，按统一表样；另一方面是指描述语言要具体、规范、精准、干练，文字措辞与岗位职责保持一致。

7. 公开性原则

在制定岗位设置方案和编写岗位职责的工作中，要广泛征求厨房工作人员的意见；设岗情况和岗位职责要向全体厨房工作人员公布，做到公开、公正。

能力要求

编制厨房管理人员岗位职责

厨房管理人员岗位职责是依据厨房职能来确定的，是厨房管理职能的体现，某种程度上也是厨政管理师职责在功能厨房的具体细化。

1. 岗位职责的内容

（1）岗位基本信息

1）岗位名称

2）所属单位（厨房、班组）

3）岗位类别

4）岗位级别

5）任职者姓名

6）联系范围

7）管理对象

（2）岗位概述

用精练的语言进行岗位描述。

（3）岗位职责

描述主要要做的工作有哪些。

（4）岗位任职条件

1）学历专业

2）工作经历资历

3）工作能力

4）专业知识与技能

5）其他要求（性别、年龄、适应出差、驾驶等）

2. 岗位职责的编写样式结构

（1）表头

表头主要由岗位基本信息构成。

（2）表体

表体主要由岗位概述、岗位职责构成。岗位任职条件也可纳入表体中，放在靠后的位置。

（3）表尾

表尾主要由编制人或单位，审核人或单位，批准人或单位构成。

特别提示：

严格地讲，每个餐饮企业的厨房岗位职责的内容都不尽相同，各自都会从企业经营管理的层面上对厨房岗位提出不同的要求和标准，以适应经营和持续发展的需要。岗位职责编写的样式也是各具特色，充分反映了企业文化的要求。

相关链接

厨房管理人员岗位职责

一、行政总厨岗位职责

直属领导：总经理或餐饮总监

管理对象：行政副总厨和各分厨房厨师长

联系范围：餐饮经营各部门

职责提要：全面负责整个厨房的组织、指挥和运行管理工作。

主要职责：

（1）组织指挥厨房整体工作，保证菜点质量和出品供应。

（2）根据餐饮经营目标制定厨房生产任务，并分解下达。

（3）审定厨房各部门工作计划、员工培训计划、原料采购计划、设备购置计划，督导制定各部门工作程序和作业标准，并定期检查评估。

（4）制定经营菜单或菜谱，定期检查菜点质量，负责宴会和各种饮食活动。

（5）负责厨房人员配置和调整，规划和指导厨师队伍技术培训，对厨师队伍定期考查、考核和评估。

（6）定期总结分析、汇报厨房生产经营情况，保证厨房工作质量和餐饮效益。

（7）不断了解菜品市场动态和走向，定期组织菜品研究与开发，并负责完成各个时期菜品研发责任指标。

（8）组织厨房重点关键原料品质鉴定和验收工作。

（9）配合处理在餐饮经营中发生的各种重大突发事件。

（10）负责对厨房管理制度执行情况进行监督和完善。

二、行政副总厨岗位职责

直属领导：行政总厨

管理对象：各分厨房厨师长

联系范围：餐饮经营相关部门

职责提要：协助行政总厨负责整个厨房的组织、指挥和运行管理工作。

主要职责：

（1）直接负责菜点制作。

（2）协助厨师长负责主持厨房的日常工作。

（3）参与菜单和菜谱的制定。

（4）负责对菜点质量进行检查。

（5）负责培训厨房员工和餐饮前厅服务人员。

（6）协助参与菜点研发工作。

三、厨师长岗位职责

直属领导：行政总厨

管理对象：红案、白案、冷菜组厨师

联系范围：前厅部、行政部、财务部、营销部

职责提要：全面负责厨房各组的管理工作。

主要职责：

（1）负责厨房红案、白案、冷菜组的日常工作管理。

（2）根据每个厨师的技术特长，做好厨房的调配与工作安排。

（3）熟悉并掌握原料的供应情况与市场的变化，监督厨房原料的申购计划。

（4）严格控制厨房的原料成本，合理使用原料。

（5）负责检查厨房运行过程中的各个工作流程环节，检查一切菜肴的出品质量。

（6）对每月的工作、营业情况进行总结。

（7）负责厨房员工的考勤，并根据日常对员工的考核记录进行奖金分配。

（8）负责本厨房菜肴的创新、更换、调整，创造有特色的菜肴品种。

（9）完成餐饮总监或行政总厨交办的其他工作任务。

四、加工组长（主管）岗位职责

直属领导：厨师长

管理对象：加工部门厨师

联系范围：炉灶部门、切配部门、冷菜部门、面点部门、传菜部、采购部、后勤部

职责提要：全面负责加工厨房的组织管理工作，保障符合加工规格要求的各种原材料的及时供应。

主要职责：

(1) 协助厨师长搞好原料的验收工作，保证原料质量。

(2) 协助厨房各部门搞好原料的采购工作，保证原料供应。

(3) 组织安排原料加工工作，督导加工质量和数量，进行耗损管理和效率管理。

(4) 组织安排原料的保管工作，督导检查原料的品质质量。

(5) 合理安排原料库存量，控制好成本。

(6) 协助厨房各部门搞好创新产品的工作。

(7) 负责对本部门员工管理，保证工作质量和效率。

(8) 负责对部门员工工作考核、评估，提出奖惩意见。

(9) 督导检查设备使用与维护。

(10) 制订部门员工培训计划，并组织实施。

五、切配组长（主管）岗位职责

直属领导：厨师长

管理对象：切配部门厨师

联系范围：炉灶部门、加工部门、冷菜部门、面点部门、传菜部、采购部、后勤部

职责提要：全面负责切配厨房的组织管理工作，保障符合切割成型规格要求的各种原材料的及时供应，并按菜品质量要求及时组配。

主要职责：

(1) 协助厨师长搞好原料的验收工作，保证原料质量。

(2) 协助厨房各部门搞好原料的采购工作，保证原料供应。

(3) 组织安排原料切割加工工作，督导加工质量和数量，进行耗损管理和效率管理。

(4) 组织安排菜品组配工作，督导组配质量和速度，保证供应效率。

(5) 组织安排原料的保管工作，对冰箱、冰柜或冷藏库、冷冻库严格管理，督导检查原料的品质质量。

(6) 合理安排原料库存量，对库存原料实行“先进先出，后进后出”的原则，控制好成本和质量。

(7) 协助厨房各部门搞好创新产品的工作。

(8) 负责对本部门员工管理，保证工作质量和效率。

(9) 负责对部门员工工作考核、评估，提出奖惩意见。

(10) 督导检查设备使用与维护。

(11) 制订部门员工培训计划，并组织实施。

(12) 参与经营菜单的编制与修订工作。

六、炉灶组长（主管）岗位职责

直属领导：厨师长

管理对象：炉灶部门厨师

联系范围：切配部门、加工部门、冷菜部门、面点部门、传菜部、采购部、后勤部

职责提要：全面负责炉灶厨房的组织管理工作，保障符合菜肴质量要求的各式菜肴及时出品供应。

主要职责：

(1) 按菜单菜肴分类要求，合理设岗和做好人员分工安排，保证各式菜肴的品质。

(2) 组织安排好开餐前的准备工作，督导检查餐用具的准备情况、盘饰原料准备情况、成品和半成品准备情况。

(3) 组织安排好开餐中的供应工作，督导烹调质量、出品速度和卫生，工作纠错与提速。

(4) 组织安排好开餐后的收捡工作，督导检查工作环境卫生、设备维护、工具用具归类放置、调料的整理归档。

(5) 进行菜肴、能源耗损管理，降低成本，减少浪费，进行员工效率管理，提高菜肴的供应能力。

(6) 配合厨师长搞好厨房各部门创新产品的工作。

(7) 负责对部门员工工作考核、评估，提出奖惩意见。

(8) 督导检查设备使用与维护。

(9) 制订部门员工培训计划，并组织实施。

(10) 参与经营菜单的编制与修订工作。

七、冷菜组长（主管）岗位职责

直属领导：厨师长

管理对象：冷菜部门厨师

联系范围：炉灶部门、加工部门、切配部门、面点部门、传菜部、采购部、后勤部

职责提要：全面负责冷菜厨房的组织管理工作，保障符合冷食菜肴风味质量特点和要求的各式冷食菜肴及时出品供应。

主要职责：

(1) 按菜单菜肴分类要求，合理设岗和做好人员分工安排，保证各式菜肴的品质。

(2) 组织安排好开餐前的准备工作，督导检查餐用具的准备情况、盘饰原料准备情况、冷菜成品和半成品以及调味汁准备情况。

(3) 组织安排好开餐中的供应工作，督导冷菜出品质量、速度和卫生，工作纠错与提速。

(4) 组织安排好开餐后的收捡工作，督导检查工作环境卫生、设备维护、工具用具归类放置、调料的整理归档。

(5) 组织安排原料的保管工作，对冰箱、冰柜或冷藏库、冷冻库严格管理，督导检查原料的品质质量。

(6) 合理安排原料库存量，对库存原料实行“先进先出，后进后出”的原则，控制好成本和质量。

(7) 配合厨师长搞好本部门创新产品的工作。

(8) 负责对部门员工工作考核、评估，提出奖惩意见。

(9) 督导检查设备使用与维护。

(10) 制订部门员工培训计划，并组织实施。

(11) 参与经营菜单的编制与修订工作。

八、面点组长（主管）岗位职责

直属领导：厨师长

管理对象：面点部门厨师

联系范围：炉灶部门、加工部门、冷菜部门、切配部门、传菜部、采购部、后勤部

职责提要：全面负责面点厨房的组织管理工作，保障符合面点小吃风味质量特点和要求的各式面点小吃品种及时出品供应。

主要职责：

(1) 按菜单面点小吃分类要求，合理设岗和做好人员分工安排，保证各式面点小吃的品质。

(2) 组织安排好开餐前的准备工作，督导检查餐用具的准备情况、盘饰原料准备情况、面点小吃成品和半成品准备情况。

(3) 组织安排好开餐中的供应工作，督导面点小吃出品质量、速度和卫生，工作纠错与提速。

(4) 组织安排好开餐后的收检工作，督导检查工作环境卫生、设备维护、工具用具归类放置、调料的整理归档。

(5) 组织安排原料的保管工作，对冰箱、冰柜或冷藏库、冷冻库严格管理，督导检查原料的品质质量。

(6) 合理安排原料库存量，对库存原料实行“先进先出，后进后出”的原则，控制好成本和质量。

(7) 配合厨师长搞好本部门创新产品的工作。

(8) 负责对部门员工工作考核、评估，提出奖惩意见。

(9) 督导检查设备使用与维护。

(10) 制订部门员工培训计划，并组织实施。

(11) 参与经营菜单的编制与修订工作。

【案例 1—2】

某酒店亚洲菜厨房主管岗位职责

×××国际酒店工作文件			
主题名称	西餐部岗位职责说明书		
职位名称	亚洲菜厨房主管	所属部门	亚洲菜厨房
职位级别	五级	直接联系	上级：厨房厨师长 下级：厨房领班
岗位具体职责			关键职责
1. 遵守酒店管理制度 2. 遵守酒店员工手册与规章制度 3. 保持管理日常厨房工作正常运转，提供高质量的亚洲风味食物和高效餐饮服务，控制食品成本 4. 保持工作区域干净卫生，物品摆放整洁有序 5. 控制存货数量和食品质量，储存区域卫生干净，原料存放有序 6. 有团队精神和有效的交流沟通技能 7. 仪容仪表整洁，做好个人卫生 8. 参与员工培训组织实施；对部门员工工作考核、评估，提出奖惩意见 9. 保持工作环境安全 10. 参与经营菜单的编制和菜品创新工作			1. 协助厨师长培训员工 2. 保证厨房工作运行顺利 3. 参与高质量风味菜品制作 4. 菜品成本控制 5. 协助员工提高工作能力

续表

职位基本任职条件	自然条件	有良好的工作态度，具备优秀的厨房专业技术能力	
	工作经历	有四年以上五星级酒店厨房管理和工作经验	
	文化程度	烹饪专业中专以上学历或有专业技能学习的经历	
	外语水平	具有良好的听说能力	
	计算机应用水平	会熟练操作 Word、Excel、PPT 办公软件，编写工作总结汇报材料	
	专业资格	高级中式烹调师资格	
	特殊要求	有较强的交流沟通能力和培训能力	
	其他		
编制：		审核：	批准：
制定时间：　　年　月　日			

学习单元 2　厨房生产人员岗位职责

学习目标

➢熟悉厨房生产人员岗位职责的内容。

➢能够编制厨房生产人员岗位职责。

知识要求

厨房生产人员主要指在厨房工作的加工厨师、切配厨师、面点厨师、冷菜厨师和炉灶厨师和厨工等，他们分布在各个生产部门的一线岗位上，承担着一线工作的具体任务，是厨房的主体和中坚力量。

一、炉灶厨师岗位职责

直属领导：炉灶组长（主管）

管理对象：炉灶厨工、打荷员工、实习生

联系范围：加工部门、切配部门、传菜部

职责提要：根据岗位具体的分工要求，完成热菜的烹制加工和出品，保障供应和品质。

主要职责：

（1）负责岗位分工安排的热菜烹制。满足客人对食品提出的特殊烹饪要求（如客人对食品烹饪时间的要求、客人的忌口问题，等等）。

（2）熟练地烹制厨房提供的季节、月、周、日特式菜。

（3）遵守企业领取货物的规定，接受厨师长所签署的领货单，领取每日货物。

（4）负责制作当天所需汆烫煮制食品及半成品，配制各种调料。

（5）开餐前，准备好所有炉头必用的生产工具，如铁锅、铁勺、铁铲、毛巾、竹刷、疏壳、笊篱等。

（6）开餐结束，清洗所有的炉头生产工具，并按要求摆放，关闭本岗位所使用的全部水、电、气、油开关，防止安全事故发生。

（7）参与创新菜肴的制作研发工作。

（8）安排指导炉灶厨工和实习生日常工作。

二、切配厨师岗位职责

直属领导：切配组长（主管）

管理对象：切配厨工、实习生

联系范围：炉灶部门、加工部门、传菜部

职责提要：根据岗位具体的分工要求，完成菜肴所需原料的刀工成型工作和配菜工作，保证炉灶烹调的顺利进行。

主要职责：

（1）负责对肉类、禽类、水产品的细加工（如切片、拉丝、剁馅、改花刀等）。

（2）负责对已加工的各种不同原材料肉类、禽类、水产品的码味酱制。负责对粗加工料头进行细加工，将料头改成所要求的大小和形状。

（3）从传菜员处接过客人点菜单，按“先到单先配制”的原则配制。

（4）如所供应的某种菜已告罄，应及时通知传菜员，再通过服务员告知客人，以免引起客人误会。

（5）同打荷厨师做好配合，加快出菜速度。

（6）开餐完毕后，负责将所有的肉类、水产品放入冰箱，收拾好小料头，该换水的一定要换水。

（7）负责对本部门冰箱及公共区域卫生的清洁，冰箱至少每周彻底清洗一次。

（8）参与创新菜肴的制作研发工作。

（9）安排指导切配厨工和实习生日常工作。

三、冷菜厨师岗位职责

直属领导：冷菜组长（主管）

管理对象：冷菜厨工、实习生

联系范围：加工部门、切配部门、传菜部

职责提要：根据岗位具体的分工要求，完成冷菜的烹制加工和出品，保障供应和品质。

主要职责：

（1）严格执行食品卫生法规及有关政策，保障食品卫生安全。

（2）从冷菜厨师组长处接受提货单，提取当日所需的全部食品原料。

（3）按照营业需要、宴会规格和要求制作各种冷菜及拼盘，并及时通知所需的各种烤制食品和卤制食品的数量。

（4）负责准备供应的各种烧烤类、冷菜类的装饰用料（如萝卜花、芹菜叶等）。

（5）服从组长的统一调动和安排。

（6）负责执行本部门冰箱、冰柜或冷藏库、冷冻库的原料堆放、整理、清洁卫生等工作。

（7）下班后，关闭本区域所有的水、电、气、油等设备开关，防止安全事故发生。

（8）参与创新菜肴的制作研发工作。

（9）安排指导冷菜厨工和实习生日常工作。

四、面点厨师岗位职责

直属领导：面点组长（主管）

管理对象：面点厨工、实习生

联系范围：炉灶部门、加工部门、传菜部

职责提要：根据岗位具体的分工要求，完成面点的烹制加工和出品，保障供应和品质。

主要职责：

（1）掌握点心及面包的制作技术，能够制作菜单安排的各种面点小吃。

（2）按要求比例配制食品，控制食品成本。

（3）及时向组长汇报本部门的食品储存量，协助采购员制订食品采购计划。

（4）掌握切配、拌制各类点心和小吃的生烹馅料，讲究馅料的成色。

（5）从组长处接受提货单，提取每日所需的各种食品原料。

（6）严格执行食品卫生法规，把好食品卫生质量关。搞好本区域的卫生，要求工具清洁，摆放整齐。

（7）负责执行本部门冰箱、冰柜或冷藏库、冷冻库的原料堆放、整理、清洁卫生等工作。

（8）下班后，关闭本区域所有的水、电、气、油等设备开关，防止安全事故发生。

（9）参与创新面点小吃的制作研发工作。

（10）安排指导面点厨工和实习生日常工作。

五、加工厨师岗位职责

直属领导：加工组长（主管）

管理对象：加工厨工、实习生

联系范围：炉灶部门、冷菜部门、切配部门

职责提要：根据岗位的具体分工要求，完成菜肴所需原料的初加工、涨发加工和原材料的保藏，保证加工厨房工作顺利进行。

主要职责：

（1）负责对海鲜、河鲜、家禽、野禽及小型肉类原料的宰杀加工。

（2）负责对蔬菜类原料的拣摘、削剥加工。

（3）定期给水产活养池换水、增氧、保温，提高水产品的成活率。

（4）负责对厨房用活养动物性原料的喂养。

（5）熟悉菜谱上各种菜品及其使用的原材料，并能根据菜品的具体要求，做好针对性的初加工，保证成品菜质量。

（6）努力提高对原料初加工的质量及速度，做到忙而不乱。

（7）如遇已备菜品原材料用完，应及时报告加工组长，确保原材料的充足供应。

（8）严格按照“见单加工活养原料，无单不得处理”的原则。

（9）负责搞好水案岗位周围的清洁卫生与收捡工作，清点活养原料的存货，及时报告加工组长。

（10）参与创新菜肴的制作研发工作。

（11）安排指导加工厨工和实习生日常工作。

能力要求

编制厨房生产人员岗位职责

编制厨房生产人员岗位职责的基本原则及其要求请参见本书本节学

习单元1的内容和案例1—3，在此不再赘述。

特别提示：

厨房生产人员岗位职责编制要符合餐饮企业人员职业素质、职业习惯、职业知识和职业技能的要求，要对具体工作的操作流程及其要求进行细化，落实到每个具体工作上。工作责任要全面，要把每项任务和工作都落实到职责上。同时，厨房生产人员还具有一定的管理任务和培训任务，在其岗位职责的编制中要有体现。

【案例1—3】

某国际酒店厨房生产人员岗位职责

×××国际酒店工作文件			
主题名称	中餐部岗位职责说明书		
职位名称	川菜厨房炉灶厨师	所属部门	川菜厨房
职位级别	七级	直接联系	上级：川菜厨房炉灶组长 下级：厨工、实习生
岗位具体职责			关键职责
1. 遵守酒店管理制度 2. 遵守酒店员工手册与规章制度 3. 参与厨房日常管理工作，协助炉灶组长搞好炉灶组的运转 4. 烹制菜肴保障出品，搞好服务，参与菜品成本管理 5. 做好开餐前的准备工作，备好调料、工具、用具和加工成品或半成品 6. 搞好工作区域卫生，物品调料摆放整洁有序；做到开餐前和开餐结束后一个样 7. 有团队精神和有效的交流沟通技能 8. 仪容仪表整洁，做好个人卫生 9. 承担厨房菜品培训工作 10. 保持工作环境安全，开餐后关掉电源、煤气、水开关，维护好设备工具 11. 领取货物单，按规定领取每日货物 12. 参与创新菜肴的制作研发工作 13. 担任指导炉灶厨工和实习生日常工作			1. 承担厨房菜品培训工作 2. 直接参与菜品制作出品 3. 做好开餐前准备工作及开餐后的收捡工作 4. 参与菜品创新与开发

续表

职位基本任职条件	自然条件	有良好的工作态度，具备优秀的厨房专业技术能力	
	工作经历	有三年以上五星级酒店厨房管理和工作经验	
	文化程度	烹饪专业中专以上学历或有专业技能学习的经历	
	外语水平	具有一般的听说能力	
	计算机应用水平	会熟练操作 Word、Excel、PPT 办公软件，编写培训材料	
	专业资格	国家中级烹调师及以上资格	
	特殊要求	具备基本的交流沟通能力和培训能力	
	其他		
编制：	审核：		批准：
制定时间：　年　月　日			

第 4 节　配置厨房员工

厨房员工应根据餐饮企业经营规模、经营档次、经营特色配置，同时还要兼顾厨房的整体布局、厨房组织机构的设置、厨师技术力量、营业时间等多种因素。

学习单元 1　厨房员工配置考虑因素和数量确定方法

学习目标

- 熟悉厨房员工配置的意义。
- 掌握影响厨房员工配置的因素。

➢能够学会确定厨房员工数量的方法。

知识要求

一、厨房员工配置的作用

所谓厨房员工配置是指厨房人与事的配置关系，目的是通过人与事的配合、人与人的协调，充分开发利用员工能力，实现厨房工作目标、任务。厨房员工配置合不合理，不仅影响到餐饮企业经营成本的高低，还会影响到菜点出品质量、厨房工作效率、厨房人员队伍建设、士气等诸多方面。

餐饮经营者在为厨房配置员工时，必须注意不按人设岗，而应设置必需的工作岗位，配备必需的工作人员，避免、杜绝人浮于事的现象，从而利于厨房生产正常、有序运行。

二、厨房员工配置考虑因素

厨房员工配置必须科学合理。要做到科学合理配置厨房员工必须考虑到如下影响因素：

1. 餐饮企业经营规模、性质、档次和风格

厨房生产规模大小必须与酒店餐饮企业的规模相适应，才能够保证经营，做到经济合理。企业规模越大，意味着餐饮服务接待能力就大，厨房生产任务就重，只有保证更多的厨房员工数量和专业技术力量，才能满足企业经营规模的需要。

同样，企业的性质和档次也对厨房规模和人员配备提出了要求，适应企业的经营性质和档次的需要是确定厨房规模和人员配备的重要影响因素之一。企业经营性质可以告诉我们：企业是经营中餐还是西餐；是经营川菜、粤菜还是湘菜；是经营法式西餐、意式西餐还是地中海式西餐；是经营日本料理还是韩国料理。在不同经营性质的企业里厨房员工配置在结构和数量上存在着一定的差异。经营高档的企业往往对工作细节更加重视，分工细化和细致的工作会造就高品质的产品，这也对厨房员工配置提出了新的要求。经营档次大众化的企业往往在接待团队消费方面更下工夫，在人员配置上就要围绕速度和供应能力加以充分考虑。

经营风格和特色是企业的生命，是企业可持续发展的内在推力。不同经营风格的酒店餐饮企业在员工队伍组成和结构上存在着一定的差异，要认真考虑厨房人员的综合实力和人数，满足经营风格和特色的需要。

2. 厨房整体布局

厨房布局合理，工作流线清晰、简洁、流畅，就能够保证厨房生产运转的效率，合理减少厨房员工的配置。如果厨房布局不合理，各功能厨房分散，加工供货不便，信息联络不畅，就会严重影响厨房生产运转，造成工作效率低下，从而必须要多配置厨房员工才能够适应生产的需要。

3. 厨房设备

厨房设备能够反映出厨房的生产能力和加工技术。如果厨房生产加工设备先进，既能够满足产品加工技术的要求，又能够提高生产能力，厨房员工的配置就可以合理减少，显得更精练。如果厨房生产设备落后，产品加工技术和生产能力都会打折扣，就更加依赖于厨师，厨房用工就会更多。

4. 厨房员工的技术水平和基本素质

厨房员工的技术水平能够直接反映出厨房生产效率和菜品质量。技术能力强、基本素质高的厨房员工不仅能够保证厨房产品加工的质量要求，还能够提高厨房生产效率，对厨房整体运作起到促进作用；相反，就会降低厨房生产效率，使得菜品质量得不到保证。因此，厨房人员配置上必须以员工的技术技能水平和职业素质作为依据和基础。

5. 餐饮经营时间

餐饮经营时间的长短与厨房员工的配置密切相关。经营时间和工作班次是影响厨房用人多少的重要因素。餐饮经营时间越长，厨房工作班次就越多，厨房配置的人员就要增加。例如酒店餐饮经营每日三餐，还加宵夜和住客 24 小时客房用餐服务，有的还有外卖服务，在这样的经营情况下，工作班次就会很多，厨房员工配置就会增加。

能力要求

厨房员工数量确定的方法

厨房员工配置是在酒店餐饮企业的经营性质、规模、档次、厨房布局、设施设备和技术人员情况等多因素的基础上，确定厨房用人的数量标准，然后在具体的日常工作中进行跟踪验证，并进行适当调整，确保厨房人员设置的合理性、经济性。厨房员工数量的确定通常有以下两种方法：

1. 按比例定员

按比例定员代表着用一种趋势性来确定厨房员工配置的数量。这种趋势性能够给管理者在审核厨房员工人数配置时起到一定的参考作用，但还不能够全面准确地反映厨房员工的具体需求。

（1）按比例确定厨房员工总数

按比例定员方法主要是按餐饮企业经营的餐位数多少来推算厨房工作人员的数量。通常，厨房工作人员数量与企业经营的餐位数成正比，餐位数多，厨房工作人员就多；餐位数增加，厨房工作人员数也相应增加。不同性质、不同档次的餐饮企业的厨房采用的比例不同。高端餐饮会所和高星级酒店餐饮对厨房产品品质有很高的要求，厨房分工比较细化，厨房员工与餐位数的比例往往都较小，通常控制在 1∶8 至 1∶15。大中型社会餐饮经营和酒店宴会经营属于规模化生产供应，其厨房员工与餐位数的比例相对较大，通常控制在 1∶15 至 1∶20。大中型团膳餐饮（如企事业员工食堂），普通情况下，厨房员工与餐位数的比例控制在 1∶40 至 1∶60；大型政府机关食堂，厨房员工与餐位数的比例控制在 1∶30 左右。

值得注意的是，餐位数的设置代表了餐饮企业的经营期望，并不能代表现实的经营效果，所以不能简单地用餐位数来配置满员的厨房人员。而餐位的利用率高低就直接体现了餐饮企业的经营状态，餐位的利用率高说明餐厅生意好；反之，则不好。因此，在配备厨房人员时要留有余地，根据餐位利用率高低来调整配备。

（2）按比例确定厨房主要岗位员工数量

厨房主要岗位包括炉灶岗、墩子岗、打荷岗、加工岗、冷菜岗、面点岗等，这些岗位员工是厨房最核心的人力资源，在厨房人员配置中要首先确认。

在现代餐饮经营中，厨房工作分工更加细化，产品制作除了强调产品的质量外，更注重产品的质量稳定，因此专门化、专业化产品生产制作是关键和保障。

专门化是指厨房产品按类型和特点被组合成若干个模块，每个炉灶厨师只负责其中一个模块，炉灶厨师之间的工作不交叉，各负其责。每个模块里的产品生产由炉灶岗、墩子岗、打荷岗、加工岗的工作组成，这就形成一个生产链条，也称为一条生产线。这条生产线周而复始按每个模块规定的产品进行生产出品，产品质量和稳定性得到了保证。厨房工作就是由这样很多条生产线来实现的。

用生产线就能够推算出厨房主要岗位员工数量。一条热菜生产线包括 1 个炉灶厨师、1 个墩子厨师、1 个打荷厨师、1 个初加工厨师等 4 人，可以看出 1 个灶头配置 4 人，比例关系为 1∶4。N 条生产线就会配置 $4N$ 人，如果 $N=10$，生产线上就会配置 40 人。厨房产品是由冷菜、热菜、面点小吃等构成，由于热菜在数量和产品类型上多而丰富，是厨房产品的主体，配置人员就多。而冷菜和面点小吃产品起到开门见山和锦上添花的作用，其岗位配置人员就相对较少。一般地，当 $N<6$ 时，冷菜和面点小吃岗位可以分别配置厨师 2 人；当 $N>6$，可以根据情况增添厨师。此外，冷菜、热菜、面点小吃等岗位除了配置厨师外，还需配置厨工和助手，其数量根据经营情况而定。

2. 按岗位定员

根据餐饮经营规模和性质规划厨房组织结构，设置厨房部门及岗位。岗位是反映厨房人员组成的重要依据，按岗设人，因岗调整。厨房各项工作都是分解到各个岗位上的，对每个岗位工作量的额定是配置人员的关键。工作量大的岗位，设置的人员就多；反之，则少。按岗位定员是现代餐饮企业人力资源管理的通行做法。

特别提示：

厨房员工数量确定的方法多种多样，除了按比例定员和按岗位定员外，还有用工作量定员、营业时间定员等。采用什么方法来确定厨房员工数量，只能根据餐饮企业的具体情况来选择，既没有固定的方法，也没有专门的标准，只要符合并适应企业经营要求的配置都是可行的。

学习单元 2 厨房员工配置

学习目标

➢能够进行厨房员工配置分析，做好厨房员工配置。

能力要求

厨房员工配置

餐饮企业配置厨房员工是厨政管理者的一项十分重要的职能，配置效果关系到企业的经营和厨房工作的开展。

一、做好员工配置分析工作

厨房员工配置的基础程序工作是做好员工配置分析。

1. 酒店餐饮企业经营定位分析

首先要对餐饮企业经营定位进行分析，确认企业的经营性质、档次和经营风格与特色，来锁定目标客户群。这一步很关键，关系到企业发展和经营成败。餐饮企业经营定位分析使厨房员工配置更有针对性，对选什么样的人有了更加准确的目标。餐饮企业经营定位分析实质是人与事总量配置分析，即厨房有多少事，要用多少人去做，配置时要人与事兼顾，避免人力过剩或人力不足。

2. 人员与事结构配置分析

根据餐饮企业经营性质、档次、特色等，选择配置有相应技术技能的人员，做到人尽其才、才尽其用。

3. 人员与事质量配置分析

厨房中的诸多岗位对知识、技能、技术的要求各有不同，即与员工的素质、能力水平关系密切。若其员工素质低于现岗位的要求可采取培训或招聘的方法解决；若其员工的素质高于现岗位的要求，可采用提升的办法，以确保人尽其才。

4. 现代酒店餐饮市场人力资源需求分析

对现代酒店餐饮市场人力资源需求进行分析，能够帮助餐饮企业了解目前人力资源市场的供需状况，及时调整策略，物色到企业需要的厨房专业人才。同时，有条件的餐饮企业还可以对市场人才进行锁定和储备。

5. 现代餐饮设备工具先进性调查与分析

现代科学技术发展日新月异，在酒店餐饮设备工具中的应用也越来越广泛，极大地支持了餐饮酒店业的发展。选择什么样的设备工具，其先进性如何，关系到厨房生产能力和技术水平，也就影响到厨房员工的选择与配置。

6. 厨房布局规划分析

厨房布局规划能够对厨房生产运转和人员配置起到相当大的影响。好的规划设计，对厨房生产能够起到很大的促进作用，如使岗位明确、流程简化、过程清晰、管理顺畅；反之则产生不利影响。因此，分析厨房布局规划是厨房员工配置的必经程序。

7. 菜单分析

菜单是实现餐饮经营的核心内容。菜单的定制十分重要，决定了企业经营风格和特色；菜单结构十分关键，决定了厨房部门和生产线的设计，必须要对菜单的结构进行认真分析研究，这是确定厨房员工配置的依据和基础。

二、灵活运用员工数量确定方法配置员工

为了科学地进行厨房员工配置，做好市场分析、行业分析、自我分析是必需的前提条件和基础准备。没有经过论证的员工配置是不科学的。厨房实际工作运行的整体效率、效果和出品速度是检验厨房员工配置的试金石，只有满足了厨房生产整体效率高、效果好、出品速度快的员工配置才是合理的、科学的。

综合以上各种分析结论，灵活运用员工数量确定方法，是选择岗位定员或是按比例定员，还是把两者融合起来，都要结合企业的实际，把握真实的需要，进行员工合理、科学有效的配置。

【案例 1—4】

某餐饮企业厨房员工配置

餐饮企业性质：私营企业

餐饮经营类型：中餐

餐饮经营档次：中高档消费，人均 200～300 元

餐饮经营风味：川菜、粤菜兼容

餐饮经营时间：午餐和晚餐

餐饮经营总面积：4 000 m^2；其中，厨房面积为 800 m^2。

餐厅基本情况：

餐厅大厅可同时容纳 240 人。其中，10 人大圆桌×18 张，计 180 人；4 人方桌×15 张，计 60 人。

餐厅包间 12 个，可同时容纳 160 人。

厨房人员配备（50 人）：按比例和岗位融合在一起来配置人员。具体配备如下：

厨师长：1 人

炉灶厨师：9 人

墩子厨师：10 人

打荷厨师：10 人

加工厨师：10 人

杂工：2 人

冷菜厨师：2 人

冷菜厨工：2 人

面点厨师：2 人

面点厨工：2 人

思　考　题

1. 厨房组织有何特点？

2. 按餐饮经营风格划分，厨房有哪些类型？

3. 按厨房生产功能划分，厨房有哪些类型？

4. 请结合你所在餐饮企业厨房，绘制中型厨房组织结构图。

5. 厨房组织结构有哪两种主要形式？

6. 厨房组织结构设计应遵循哪几项原则？

7. 简述厨房组织结构设计的基本要求和内容。

8. 设计厨房组织结构有哪几个步骤？

9. 简述厨房加工部门、炉灶部门、切配部门、冷菜部门、面点部门的主要职责。

10. 编制厨房岗位职责须遵循哪些基本原则？

11. 简述行政总厨、厨师长、加工组长的岗位职责。

12. 简述炉灶厨师、切配厨师、冷菜厨师、面点厨师、加工厨师的岗位职责。

13. 影响厨房员工配置的因素有哪些？

14. 确定厨房员工数量的方法有哪些？

15. 如何做好员工配置分析？

16. 请以餐厅大厅可同时容纳 300 人，餐厅包间 20 个，可同时容纳 200 人规模的餐饮企业为例，配置其厨房员工。

第 2 章

厨房生产流程管理

厨房生产流程管理是指对厨房菜点的整个生产、加工、制作过程所进行的有效的、有计划的、有组织的系统的管理与控制过程。厨房产品都要经过多道工序才能制作出来。菜肴的生产流程主要经过原材料加工—配菜—烹调；面点的生产流程主要经过原材料加工—成形—熟制。厨政管理师要针对不同阶段的生产运行特点，明确制定操作标准、规定操作程序、健全相应的管理制度，对厨房生产流程进行有效的控制。

第 1 节　烹饪原料加工管理

学习单元 1　烹饪原料加工质量标准管理

学习目标

➢熟悉烹饪原料加工的基本要求。

➢能够掌握烹饪原料加工的质量标准。

知识要求

一、烹饪原料加工的概念

烹饪原料加工是指将原始烹饪材料经过拣摘、削剥、宰杀、整理、洗涤等处理后，把可食部分切割成符合菜肴烹调规格的过程。它包含对鲜活烹饪原料的宰杀、整理、洗涤，对干货原料的涨发，对冷藏、冷冻品解冻，对蔬菜原料的拣摘、削剥等过程。烹饪原料的加工阶段是整个厨房菜点生产的基础，是厨房生产流程管理的重要内容。

烹饪原料加工阶段包括原材料的初加工和精加工。

二、烹饪原料初加工的基本要求

1. 原料的初加工应该按照餐厅经营菜点的质量要求制定质量标准

每个餐厅经营的菜品各不相同，对原料的加工要求就不一样。原料初加工要求考虑菜品的特色。例如，我国川菜中的一道菜叫“烧拌冬笋”，其原料冬笋在初加工时要保留一定的冬笋壳，使其在烧烤时能保护冬笋的原汁原味，不至于将冬笋烧焦，烧熟后再将其外壳剥去，用手撕成条再拌味，才能很好地体现菜肴的特色。因此，每个餐厅都要建立自己的原材料加工的质量标准。

2. 原料的使用安全性

烹饪原料的安全性不仅在采购和选择时要把关，在其加工流程中把关也很重要。原料在加工时要选择恰当的方法，既要去掉原料的异味和不安全成分，又不能额外增加危害成分，还要最大限度保持原料的营养素，使菜点好吃、健康、无危害。杜绝在加工中使用甲醛、有害增脆增嫩的添加剂等。

3. 原料的合理分档、物尽其用

原料的分档取料、合理的留用是加工过程中的重要环节，它关系到

菜品的质量和成本。原料的合理使用和物尽其用是厨政管理中的重要内容，也是一个厨房加工人员技术水平和责任心的体现。

4. 确定每一种原料的废料率、净料率指标

原料在加工阶段要选择合理的加工方法、流程，这样既能保证加工质量，又能保证出品率。废料率是指原料初加工后废弃部分的重量占加工前原料总重量的比率；净料率是指原料初加工后的可用部分的重量占加工前原料总重量的比率。原料的废料率、净料率指标是厨房加工过程中量化管理的依据，要让厨房加工人员时刻牢记每种原料的废料率、净料率，对前期的原材料采购质量提出要求。加工方法、流程制定是否合理，还会影响原料的加工速度，原料加工的速度对厨房出品速度影响很大，严重影响厨房出品率，特别是现点品种，出品慢极易让客人不满意。

能力要求

一、烹饪原料加工质量标准管理

烹饪原料加工质量标准管理是菜肴质量稳定的前提，作为一个厨政管理者，必须要对烹饪原料加工进行质量标准规范要求和管理。

1. 蔬菜类原料加工质量标准管理

（1）作业要求

1）按照餐厅菜品质量标准执行。

2）除尽污秽杂质和一切不可食用部分。

3）区别品种、按照用途加工。

4）洗涤方法恰当，确保卫生。

5）加工前后分类归顺，合理放置，避免污染。

（2）质量标准

1）无老黄叶、老根、老皮及筋络等不可食用部分。

2）无泥沙、虫卵、杂物，洗涤干净，沥干水分。

3）达到各种原料的净料率标准。

2. 禽、畜、肉类原料加工质量标准管理

（1）作业要求

1）按照餐厅菜品质量标准执行。

2）合理分档，物尽其用，去掉不可食用部分。

3）洗涤方法正确。

4）冻品肉类解冻方法恰当。

5）加工前后要分类归顺，合理放置，避免污染。

（2）质量标准

1）去尽禽毛、畜毛、污物、杂质等。

2）除净内脏污秽，去掉不可食用部分。

3）冻品肉类解冻恢复至新鲜状态。

4）洗涤干净，沥干水分。

5）达到各种原料的净料率标准。

3. 水产类原料加工质量标准管理

（1）作业要求

1）按照餐厅菜品质量标准执行。

2）除尽污秽杂质，符合卫生要求。

3）区别品种按用途归顺原料加工。

4）冻品水产类解冻方法恰当。

5）加工后的原料清洗干净、合理放置和保鲜，避免污染。

（2）质量标准

1）去尽鱼鳞、鳃、内脏及污物、杂质等不可食用部分。

2）活虾除去须、泥沙肠、杂质等不可食用部分。

3）整只蟹刷洗干净，捆扎整齐；需切块的则按菜肴要求加工，去掉不可食用部分。

4）冻品水产类解冻恢复至新鲜状态。

5）洗涤干净，沥干水分，分类放置。

6）达到各种原料的净料率标准。

4. 干货原料加工质量标准管理

（1）作业要求

1）按照餐厅菜品质量标准执行。

2）让原料重新吸收水分，最大限度恢复至原料新鲜时的状态。

3）除去异味、杂质，保持或增加原料的鲜香滋味，符合食用和卫生要求。

4）加工后的原料清洗干净、合理放置和保鲜，避免污染。

（2）质量标准

1）去尽泥沙、污物、杂质等不可食用部分。

2）恢复至原料新鲜时的状态。

3）除异增香，洗涤干净，分类放置。

4）达到各种原料的涨发率（净料率）标准。

二、烹饪原料加工作业程序管理

1. 蔬菜类原料加工作业程序管理

蔬菜类原料加工作业流程如下：

（1）准备好需要加工的蔬菜，备好用具及盛器。

（2）按菜品及烹调的具体要求，对蔬菜原料进行拣摘、削剥等加工处理。

（3）区别品种，采用合理的洗涤方法对蔬菜原料进行洗涤、消毒等，沥干水分，放置于相应盛器内。

（4）将加工后的原料及时交给墩子组、冷菜组、面点组，或根据情况放入冷藏库暂存待用。

（5）及时清洁场地，清运垃圾，整理用具，妥善保管用具。

2. 禽、畜、肉类原料加工作业程序管理

禽、畜、肉类原料加工作业流程如下：

（1）准备好待加工的禽、畜、肉类原料，备齐用具、盛器。

（2）按菜品及烹调的具体要求，区别品种，对禽类宰杀、煺毛、取内脏。

（3）将禽类原料洗涤干净，并整理好内脏。畜肉类除净污物、残毛、筋腱、碎骨等。

（4）将加工后的原料沥干水分，置于盛器中，及时交到墩子组、冷菜组、面点组，或根据情况及时放入冷藏库或冷冻库待用。

（5）及时清洁场地，清运垃圾，清理用具，妥善保管用具。

3. 水产类原料加工作业程序管理

水产类原料加工作业流程如下：

（1）准备好待加工的水产品，备齐用具及盛器。

（2）根据用途、区别品种对原料进行宰杀、整理，洗涤干净，沥干水分。

（3）将加工后的原料及时交到墩子组、冷菜组、面点组，或根据情况及时放入冷藏库或冷冻库待用。

（4）及时清洁场地，清运垃圾，清理用具，妥善保管用具。

4. 干货原料加工作业程序管理

干货原料加工作业流程如下：

（1）准备好待涨发的干货原料，备齐用具及盛器。

（2）根据用途、区别品种，选择适合的方法对原料进行涨发，达到其涨发率。

（3）将涨发后的原料分类整理，洗涤干净，用清水浸泡或低温冷藏待用。

（4）需要加味增香的原料，交到烹调组加工。涨发后的干货原料不能用完的，要注意保鲜保洁或及时放入冷藏库待用。

（5）及时清洁场地，清运垃圾，清理用具，妥善保管用具。

特别提示：

原料加工流程中的水台加工工作属于初加工环节，是对鲜活原料的现场加工处理。水台加工工作一般是提前加工完成，当然，经营过程中还会有一部分是需要临时加工的，这部分加工要优先加工处理，以满足顾客的需求。这一环节的重点是：

1. 原料的可食用部分的消毒卫生处理。

2. 原料的净料率控制。

3. 原料的保鲜储藏工作。

4. 下脚料的处理和现场的卫生工作。

5. 水台工作的卫生保持是水台厨师的基本要求，具体应该做到：台面清洁、无下脚料、无杂质，用具干净无渍，废弃物垃圾桶管理规范干净、无污水外溢。

水台加工工作在目前的餐饮企业中受重视程度仍显不够，人员大多是没有技术、文化程度不高的临时工，其稳定性较差，管理难度较大，管理者的重视程度也不高，规范标准化较难控制。如何从厨房生产工作岗位所需的基本技能出发，有效地实施水台员工技能培训，进行规范化、标准化控制是厨政管理人员的工作难点。

学习单元 2　刀工成形管理

学习目标

➢ 熟悉烹饪原料加工过程的刀工成形环节的基本要求，掌握刀工成形质量标准。

➢能够进行墩子加工作业流程质量管理。

知识要求

一、刀工成形的基本要求

刀工成形的目的，是为烹调与食用服务，同时也起到美化菜肴的作用。

刀工成形是指烹饪原料初加工阶段，根据各种原料的不同质地，灵活运用刀工技术加工各种不同形状的过程。刀工成形需满足以下 5 点基本要求：

1. 掌握原料的性能，合理运用刀法

由于各种原料的质地各不相同，因此在刀工处理时，必须根据各种原料的不同质地，采用不同的刀法，加工成各种不同的形状。例如，对脆性原料如瓜类、青笋等可用直上直下的刀法；对较薄较小的原料，如豆干、千张等就要推刀的刀法（由内向外）；对韧性或松软的原料，如肉类等就要用拉刀和推刀的刀法。只有按照原料的性质运用刀法，才能达到烹调的要求。

2. 密切配合烹调要求

由于菜肴有多种烹调方法，对调味和火候的要求也不一样，因此刀工成形必须适应各种烹调方法的特点。例如：炒、爆、熘等烹调方法要求急火成菜，所用火力较大、时间较短，这就需要将原料切得较薄、较小，否则，不易入味和熟透；至于烩、焖、烧等烹调方法，使用的汤汁较多，所用的火力较小，时间较长，这就要将原料切得较厚、较大，否则，容易烹制成糊状，影响食用。因此，刀工成形，必须密切配合烹调的要求。

3. 整齐均匀，清爽利落

刀工成形，无论丝、丁、片、块、条或其他形状，都要求做到粗细均匀、厚薄一致、长短相等、大小适当，并且分断切开、互不粘连，否则，不仅影响菜肴的美观，而且烹调时不能同时入味或成熟，以致生熟

不均，既影响菜肴的质量，又不符合卫生要求，甚至成为废品。因此，用刀改变原料形状，必须整齐均匀，清爽利落。

4. 合理使用原料

合理使用原料是整个烹调过程中的一项重要原则。在刀工成形时，必须注意计划用料，要做到大材大用、小材小用，落刀成材，物尽其用。这样，才不至于浪费原料，并使成品美观大方。

5. 严格执行刀工成形作业程序

（1）按照菜品质量标准执行。

（2）按用途定规格、分档、切割。

（3）区别品种规格、分档、切割。

（4）避免原料被污染，确保卫生要求。

（5）加工前后归顺原料，合理存放。

特别提示：

运刀技术多种多样，为了达到上述对刀工成形的基本要求，必须灵活运用各种不同的刀法。这就需要反复练习，不断实践，做到熟能生巧，运用自如。

二、几种常见的刀工成形质量标准

1. 块

块的切法主要有切和砍两种；其常见的形式及其规格见表 2—1。

表 2—1　　块的形式及其规格

名称	规格/cm
菱形块	菱形块长对角线约 4，短对角线约 2.5，厚约 2
长方块	长方块长约 4，宽约 2.5，厚约 2
滚料块	滚料块长约 4（多面体）
正方块	正方块长、宽、高均为 3
梳子块	梳子块长约 3.5（多面体），背厚约 0.8

2. 片

片的切法有切和片两种；其常见的形式及其规格见表2—2。

表2—2　　片的常见形式及其规格

名称	成形规格/cm
柳叶片	长约6，厚约0.3
骨牌片	长约6，宽约2，厚约0.4
二流骨牌片	长约5，宽约2，厚约0.3
牛舌片	长约10，宽约3，厚约0.1
菱形片	长对角线约5，短对角线约2.5，厚约0.2
指甲片	边长约1.2，厚约0.2
麦穗片	长约10，宽约2，厚约0.2
连刀片	长约10，宽约3，厚约0.3
灯影片	长约8，宽约4，厚约0.1

3. 条和丝

条和丝，是烹调中用得较多的形状。它们的加工方法也很多，可以先切片，然后将片一片一片地码均匀再切，也可以将片叠起来直接切制。条和丝常见的品种及其规格见表2—3。

表2—3　　条和丝常见的品种及其规格

名称	成形规格/cm		名称	成形规格/cm	
	长	截面（粗）		长	截面（粗）
头粗丝	8～10	约0.4×0.4	大一字条	约6	约1.2×1.2
二粗丝	8～10	约0.3×0.3	小一字条	约5	约1×1
细丝	8～10	约0.2×0.2	筷子条	约4	约0.6×0.6
银针丝	8～10	约0.1×0.1	象牙条	约5	约1（呈梯形）

4. 丁、粒、末

丁、粒、末的成形通常采用切和斩的方法。其常见的规格见表2—4。

表 2—4　　丁、粒、末常见规格

名称	成形规格	名称	成形规格
大丁	约 2×2	绿豆状	约 0.4×0.4
小丁	约 1.2×1.2	米粒状	约 0.2×0.2
豆粒状	约 0.6×0.6	末	约 0.1×0.1

能力要求

墩子加工作业流程管理

1. 墩子加工作业流程

（1）清点冷藏库、冷冻库存货情况。

（2）备好待加工原料，准备好用具、盛器。

（3）按菜品及烹调的具体要求，区别品种，按照成形规格标准进行分档、切割。

（4）督导水台组加工质量，对不合格原料不进行正常切割工序，应另作他用。

（5）将分档、切割的原料归类存放，以备配份时使用。

（6）清洁场地，清运垃圾，清理刀具、菜墩等工具，妥善保管用具。

2. 墩子工作流程图

墩子工作流程如图 2—1 所示。

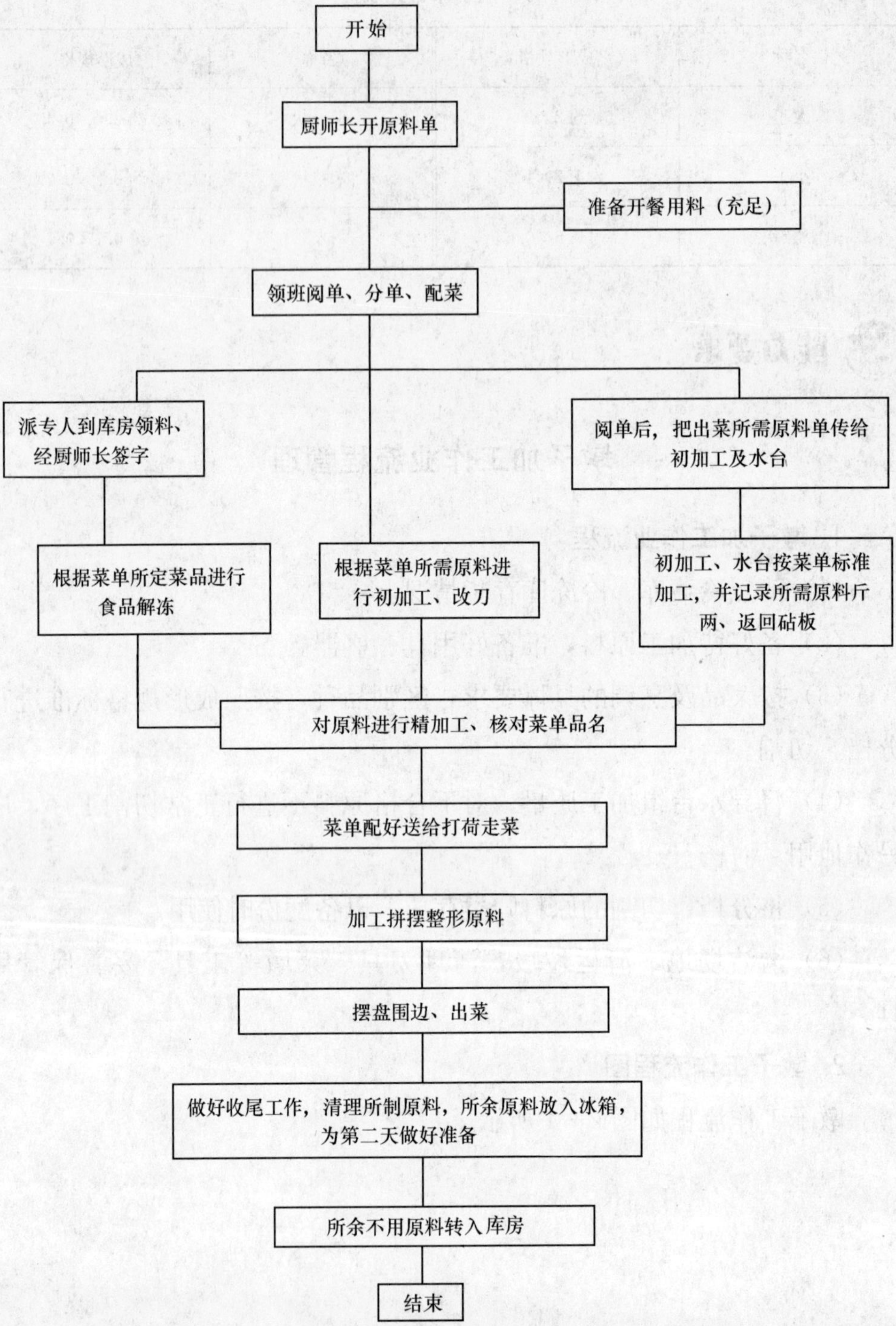

图 2—1　墩子加工作业流程图

第 2 节　配 菜 管 理

学习单元 1　配菜作业程序管理

学习目标

➢熟悉配菜管理的作用。

➢能够进行配菜作业程序管理。

知识要求

配菜管理的作用

配菜是把加工之后的多种原料进行合理的配搭，使之成为一款菜式的过程。配菜也叫食品原料配份，也叫餐饮产品配份，是按照标准菜谱的规定要求，将制作某菜肴需要的原料种类、数量、规格选配成标准的分量，使之成为一份完整菜肴的过程，为烹饪制作做好准备。

烹饪原料经过刀工处理之后，在进入烹制之前，要经过配菜这一中间环节。掌勺的厨师，烹制什么菜肴，配什么料，都由配菜厨师安排配置。配菜的好坏，直接关系到菜肴质量的高低。配菜管理的作用体现在以下几个方面：

1. 确定菜肴的质和量

菜肴的质，固然还受到刀工、火候、烹调技术、调味等多方面因素的影响，但配菜是其中一个十分重要的影响因素。因为，原料的选择与确定，各种原料的配合比例，主辅料的配合比例是否得当，整个菜肴的内容构成是否科学，都与菜肴的质量有着密切的关系。菜肴的量，是指一个菜肴各种原料的数量。这虽然有规格可循，但配菜者是否能按规格配菜也是一个问题。倘若投料分量与配合比例不合理，仍会影响菜肴的质和量。

2. 基本确定菜肴的色、香、味、形

菜肴有其独特颜色，这种颜色有的来自主料本身，如白切鸡，其颜色是肉的白色与皮的略带淡黄色的配合；有的来自主辅料的配搭。以主辅料配搭或多种颜料配搭来确定菜肴颜色和增添色彩的，都必须依赖于配菜者配搭好原料。菜肴的味道，固然最终靠烹调的调味起主要作用，但菜肴的各种原料有其固有的味道，合理、恰当的原料搭配，能使主味突出；反之，则冲淡与排斥菜肴美味。菜肴的造型有很多要借助配料，如“酿金鲤虾”以虾及鸡胸肉为主料捏成金鲤状之后，需要切成三角形的熟火腿肉作鱼鳍，用青豆作鱼眼，若配菜得当，能使菜肴造型美观；反之，则影响造型。可见，配菜直接关系到菜肴的色、香、味、形。

3. 确定菜肴的营养价值

一桌筵席菜肴各种营养成分的合理配置，经设计确定以后，就需在每一款菜式中体现出来。配菜要符合每款菜肴的标准设计。不同原料有不同的营养成分含量，即使同一原料，由于部位的不同，其营养成分的含量也有差异。蔬菜含维生素多，肉类含蛋白质和脂肪多，一个菜肴如果有菜有肉，就必须准确掌握投放比例，使菜肴能有最优的营养素配合与互补。这正是配菜的功夫所在。

4. 确定菜肴的成本

同一原料，有等级之分，有精粗之别；一碟菜所需的原料多少，虽有确定的标准，但实际工作中可变性大。如果投料过量，餐馆就要赔本，这不符合经营原则；反之，就会使消费者吃亏，同样违反经营原则。配菜是掌握成本、进行经济核算、实行公平合理经营的一个关键环节。

能力要求

配菜作业程序管理

一、料头准备工作程序管理

料头，又称小料，即配菜所用的葱、姜、蒜等佐助配料，其块型大多较小。虽然这些小料用量不大，但在配菜与烹调之间，在约定俗成的情况下，也起着无声的信息传递作用，可以避免错乱的发生，在开餐高峰期尤其如此。

1. 标准与要求

（1）大小一致，形状整齐美观，符合规格要求。

（2）数量适当，品种齐备，满足开餐配菜需要。

2. 操作步骤

（1）领取、洗净各类料头用料，分别定位存放。

（2）根据烹调菜肴需要，按切配料头规格，对原料进行切制。

（3）将切好的料头，区别性质用途，分别干放或水养，置于固定器皿和位置，并用保鲜膜封好。

（4）清洁砧板、工作台，将用剩的料头原料放置原位。

（5）开餐时，揭去保鲜膜，根据配菜要求分别取用各种料头。

二、配份工作程序

1. 标准与要求

（1）配份用料品种、数量符合规格要求，主、配料分别放置。

（2）接受零点订单 5 分钟内配出菜肴，宴会订单菜肴提前 20 分钟配齐。

2. 操作步骤

（1）根据加工原料申订单领取加工原料，备齐主料和配料，并准备配菜用具。

(2) 对菜肴配料进行切割，部分主料根据需要加工。

(3) 对水养（即放在水中保管）原料进行换水处理。

(4) 对当日已发好的干货进行洗涤改刀，交炉灶焯水后备用。

(5) 备齐开餐用各类配菜筐、盘，清理配菜台和用具，准备配菜。

(6) 接受订单，按配份规格配制各类菜肴主料、配料及料头，置于配菜台出菜处。

(7) 开餐结束，交代值班人员搞好收尾工作，即将剩余原料分类保存储藏，整理冰箱、冷库。

(8) 清点下餐、次日预订客情通知单，结合零点客情分析，计划并向加工厨房预订下餐或次日需补充的已加工原料。

(9) 清洁工作区域，用具放于固定位置。

三、配菜作业流程图

配菜作业流程如图 2—2 所示。

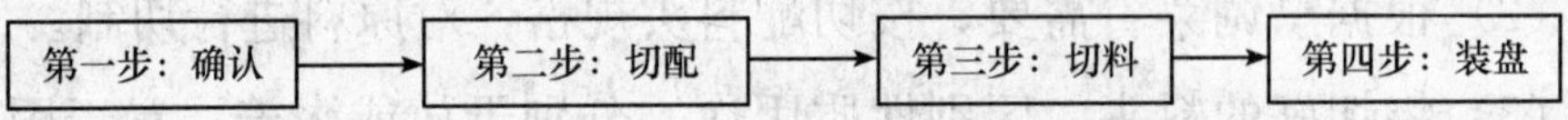

图 2—2　配菜作业流程图

第一步：确认点菜单上的名称、种类、数量与桌号标识是否清楚无误。

第二步：按标准菜谱规定的菜肴所需的原料种类、重量等进行配份成一份完整的菜肴。

第三步：需要现场切割的原料即刻通知切制厨师切料。

第四步：将各种菜料放置于菜肴生料盘内，夹上菜单夹、标清楚桌号与菜名，按顺序传送给炉灶厨师。

四、防止错配、漏配菜措施

防止错配、漏配菜措施的重要环节是菜单确认，即确认菜单的名称、种类、数量与桌号标识是否清楚无误，确认制作成品后传菜员再行核对菜品与点菜单是否相符，只有完全相符才予出菜。具体防止措施：一是制定配菜工作程序，理顺工作关系；二是健全出菜制度，防止有意或无意错配现象发生。

相关链接

厨房配菜、出菜制度

（1）配菜岗位人员凭正式菜单，按规格和接单的先后顺序依次、及时配菜，紧急情况、特殊菜肴可优先处理，保证配菜及时送达灶台。

（2）负责排菜的打荷人员，排菜必须准确、及时、前后有序，保证菜肴与餐具相符，成菜及时送至备餐间，提醒传菜员传菜。

（3）所有出品订单、菜单必须妥善保存，交厨师长备查。

（4）炉灶烹调人员若对所配菜肴规格质量有疑问，应及时向配菜人员提出，妥善处理。烹调菜肴先后次序及速度应服从打荷安排。

（5）厨师长有权对出菜的手续、菜肴质量进行检查，如有质量问题，应退回并追究责任。

（6）保持案板整洁、卫生。

学习单元 2　配菜数量控制与质量管理

学习目标

➢能够进行配菜数量控制。

➢能够进行配菜质量管理。

能力要求

一、配菜数量控制

菜品数量不统一是影响菜品品质的重要因素。如果客人两次光顾一家餐厅，或两个客人同时光顾，出现同一种菜肴有不同的数量规格，客人必然会产生疑惑或意见。因此配菜数量控制是保证质量、控制厨房生产成本的重要环节。

1. 精确称量

配菜人员对于各种菜品的配料数量必须掌握精确，同时必须兼顾多单配菜，比如对于单独客人不论菜多菜少，均应优先配好。配菜环节要经常进行验证核实，检查是否执行了规格标准，是否使用了称量、计数和计量等控制工具，即使最熟练的配菜厨师，如果不进行称量都是很难做到精确配菜的。

2. 凭单配菜

配菜过程控制的另一个关键环节是凭单配菜。配菜厨师只有接到餐厅客人的订单或者规定的正式通知单时才可配菜，以保证配制的每份菜肴都有凭据。另外，要严格避免配制中的失误，如重算、遗漏、错配等，尽量使失误率降到最低限度。因此，查核凭单是控制配菜失误的一种有效方法。

3. 做好准备

开餐前的准备工作也是很重要的。各种调料和味汁的摆放位置会直接影响到菜品制作的最后效果，各个灶头的用料均要摆放整齐，并统一确定位置，以免发生人员临时调配，找不到调味料的现象；开餐工作期间，配菜人员也必须随时为灶头添加调味料。

二、配菜质量管理

这里，“质”是指所配原料的卫生状况、刀工好坏等；“量”是指原料的重量是否符合配菜标准。“量”的基本要求是，主料要过秤，辅料基本正确，调料应当配齐。由于这道环节直接影响到菜点的成本、毛利的幅度以及毛利率，因此需配备具有丰富实践经验的人员负责这道生产工序。

相关链接

配菜厨师业务素质基本要求

配菜在整个菜肴制作过程中所占的地位非常重要，涉及面也很广。同时配菜厨师必须既熟悉有关业务，又通晓有关知识。

具体要求如下：

（1）熟悉和了解原料的情况：熟悉原料的性能；了解市场供应情况；了解企业的备货情况；熟悉菜肴的名称及制作特点。

（2）精通刀工，了解烹调。

（3）掌握配菜菜肴相应的标准菜谱。

（4）掌握菜肴的质量标准及净料成本。

1）熟悉和掌握每种原料从毛料到净料的损耗率，或净料率。

2）确定构成每份菜肴主料、辅料的质量、数量和成本。

3）根据企业所规定的毛利幅度，确定每个菜肴的毛利率和售价。

4）制定每份菜肴的规格质量成本单，内容包括：菜肴的名称；主料、辅料、调料的名称、重量和成本；产品的总重量和总成本；毛利率；售价等。

（5）一份菜肴要将主辅料分别放置。

（6）注意营养成分的配合。

第 3 节　烹 调 管 理

学习单元 1　烹调操作规范管理

学习目标

➢熟悉烹调操作规范管理的基本要求。

➢能够进行烹调操作规范管理。

知识要求

烹调是厨房生产流程中的核心环节，是最终确定菜品特色、质地、口味、形态的关键。因此烹调管理是厨房生产流程管理的重中之重。烹调管理主要是从炉灶厨师的操作规范、烹制数量、出菜速度、成菜口味、质地、温度等方面加以督导、控制。烹调操作规范化是一个系统工程，如果有一个环节失误，就会前功尽弃。所以实施烹调操作规范管理，是确保菜品在加工制作过程中的卫生安全和质量的基本保障。

厨房产品烹调制作包括热菜、冷菜、面点 3 个方面的烹调制作，它是厨房生产管理的重中之重，也是保证产品色、香、味、形的关键环节。

1. 按标准菜谱和烹调标准要求规范操作

一是督导炉灶厨师严格执行标准菜谱要求；二是督导炉灶厨师科学合理运用恰当的烹调方法；三是督导炉灶厨师严格按操作规范操作；四是及时制止任何贪图方便的违规操作和影响菜品质量的操作。

2. 调动厨师的主动积极性，发挥厨师的高超技艺

烹调加工的厨师需要有高超的技艺和较长时间的经验积累。因为技艺高超、经验丰富的厨师对菜品烹调质量的把握能力较强。通常餐厅都将具有独特风味的名点名菜配备名厨烹制，采取专菜专人制作管理。同时，加强厨师知识技能培训，使厨师队伍形成梯队，高级、中级和初级厨师具有一定的比例，并合理安排他们的工作。对达到高一级技能水平的厨师要为其积极创造条件，使他们有发挥技术技能的平台和晋职机会；要在餐饮厨房管理中形成技能学习气氛，使广大厨师在浓郁的学习氛围中努力学习，不断提高技术水平，以适应现代餐饮业菜品生产长期发展的需要。

3. 建立烹调过程的质量管理制度

厨房烹调加工产品的特色、质量，不仅要按标准化要求规范操作、拥有高超的烹调技术，还必须做好烹调加工过程中的质量管理，把好烹调质量关，建立相关的质量管理制度。

相关链接

制定和使用标准食谱

标准食谱是以菜谱的形式，列出菜肴（包括点心）的用料配方，规定制作程序，明确装盘规格，标明成品的特点及质量标准，是厨房每道菜点生产全面的技术规定，是不同时期用于菜肴或点心成本的可靠依据。

能力要求

一、烹调操作规范管理

1. 热菜烹调操作规范管理

（1）做好正式烹调前的准备工作管理。

（2）严格配菜，做好按顺序烹调的程序管理。

（3）做好炉灶烹制过程质量管理。

（4）加强成品出售管理，确保餐厨衔接与协调。

（5）做好烹调现场指挥，使烹制工作有序、规范进行。

2. 冷菜烹调操作规范管理

冷菜厨房是厨房生产相对独立的部门，其生产与出品管理同热菜有不尽相同的特点。冷菜烹调操作规范管理的重点是：

（1）购料要严、要精，保证原材料质量。

（2）严格消毒，把好冷菜烹调制作卫生关。切记烹调制作前和烹调完成后的冷却温度是极利于细菌繁殖的。

（3）提前操作，分类烹制，保证冷菜产品质量。尽管各种冷菜产品烹制方法不同，但从烹调制作管理的角度来看，其共同规律是：选料严格，原材料初加工和刀工成形要求严格，讲究调味，严格卫生。

(4) 掌握刀工与食雕艺术，拼摆造型美观，及时销售。

(5) 实行冷菜操作流程管理。冷菜操作流程管理如图 2—3 所示。

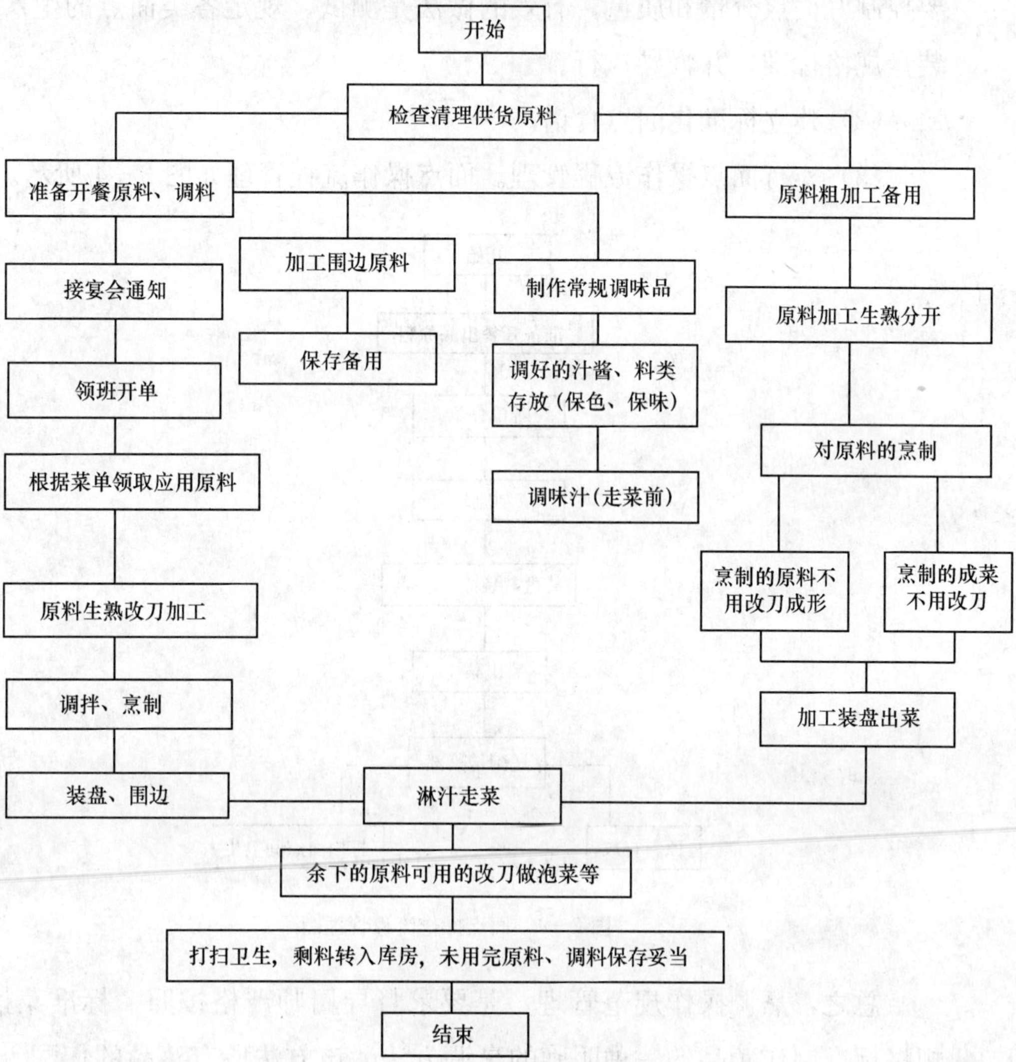

图 2—3　冷菜操作流程管理图

3. 面点产品烹调操作规范管理

面点（或点心、小吃）厨房也是厨房生产相对独立的部门，其生产与出品管理有自身的特点。面点品种十分繁多，有各式点心、各地风味小吃、各种杂粮制品等，且面点产品大多量小形多，手工制作和食品机械使用多。面点产品烹调制作管理上的重点是：

（1）分量控制。面点品种大多小巧玲珑很精细，其分量和数量包括两个方面：一是每份面点的个数；二是每个面点的用料及其配比。因此要控制好面点分量和质量，有效的做法是测试、规定各类面点的生产和装盘规格标准，并督导执行。

（2）建立标准化面点食谱。

（3）实行面点操作流程管理。面点操作流程管理如图 2—4 所示。

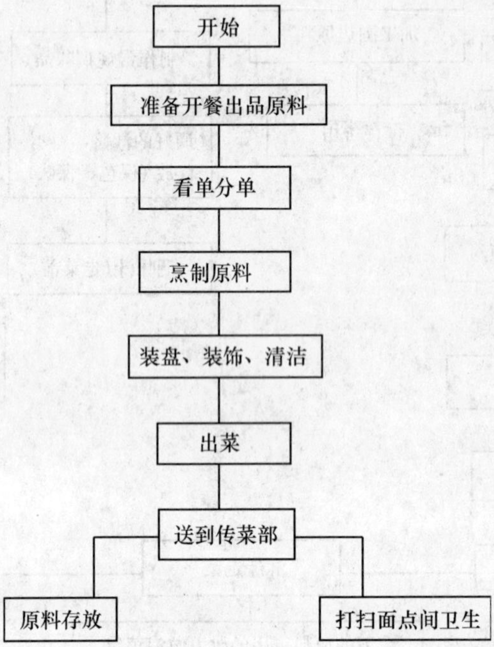

图 2—4　面点操作流程管理图

总之，烹调操作规范管理，是要求督导厨师严格按照“标准菜谱”规格标准制作菜品的一种明确的烹调方法。该方法所有菜品的切配、预制、烹调和装盘等过程一定要严格按工艺要求和操作规程操作，使产品制作标准化。烹调加工后的产品是直接供消费者食用的，所有产品都必须保证其食用的温度、卫生和安全性，避免交叉污染。

相关链接

打荷、盘饰、餐具、炉灶烹调、冷菜制作等的标准与要求、步骤

一、打荷标准与要求、步骤

1. 标准与要求

（1）台面清洁，调味品种齐全，陈放有序。

（2）吊汤原料洗净，吊汤用火恰当。

（3）餐具种类齐全，盘饰花卉数量适当。

（4）分派菜肴给炉灶烹调恰当，符合炉灶厨师技术特长或工作分工。

（5）符合出菜顺序，出菜速度恰当。

（6）餐具与菜肴相配，盘饰菜肴美观大方。

（7）盘饰速度快捷，形象美观。

（8）打荷台面干爽，剩余用品收藏及时。

2. 步骤

（1）清理工作台，取出、备齐调味汁及糊浆。

（2）领取吊汤用料，吊汤。

（3）根据营业情况，备齐餐具，领取盘饰用花卉。

（4）传达、分派各类菜肴给炉灶厨师烹调。

（5）为烹调好的菜肴提供餐具，整理菜肴，进行盘饰。

（6）将已装饰好的菜肴传递至出菜位置。

（7）清洁工作台，用剩的装饰花卉和调味汁、糊冷藏，餐具放归原位。

（8）清洗、消毒、晾挂抹布；关、锁工作门柜。

二、盘饰用品制作标准与要求、步骤

1. 标准与要求

(1) 盘饰花卉至少有8个品种，数量足够。

(2) 每餐开餐前30分钟备齐。

2. 步骤

(1) 领取备齐食品雕刻用原料及番茄、香菜等盘饰用蔬菜。

(2) 清理工作台，准备各类刀具及盛放花卉用盛器。

(3) 根据装饰点缀菜肴需要，运用各种刀法雕刻一定数量、不同品种的花卉。

(4) 整理、择取一定数量的番茄、香菜等头、蕊、叶等，置于盛器，留待盘饰使用。

(5) 将雕刻、整理好的花卉及蔬菜，用保鲜膜封盖，集中置于低温处，供开餐打荷使用。

(6) 清理、保管雕刻刀具、用具，用剩的原料放归原位，清洁整理工作岗位。

三、大型餐饮活动厨房餐具准备标准与要求、步骤

1. 标准与要求

(1) 餐具规格、数量符合盛菜要求。

(2) 摆放位置合适，取用方便。

2. 步骤

(1) 根据大型餐饮活动菜单，分别列出各类餐具名称、规格、数量。

(2) 向餐务部门提出所需餐具的数量及提供时间。

(3) 分别领取各类餐具，区别用途品种，分类放于冷菜间、热菜出菜台及其他合适位置。

(4) 与菜单核对，检查所有菜点品种是否都有相应餐具，拾遗补漏。

（5）取保鲜膜或洁净台布将餐具遮盖，防止灰尘污染或被随意取用。

（6）大型餐饮活动开始时，揭去遮盖，根据菜单，分别取用餐具。

（7）大型餐饮活动结束后，洗碗间及时负责将餐具归位。

四、炉灶烹调标准与要求、步骤

1. 标准与要求

（1）调料罐放置位置正确，固体调料颗粒分明，不受潮，液体调料清洁无油污，添加数量适当。

（2）烹调用汤：清汤要清澈见底，白汤要浓稠乳白。

（3）焯水蔬菜色彩鲜艳，质地脆嫩，无苦涩味；焯水荤料去尽腥味和血污。

（4）制糊投料比例准确，稀稠适当，糊中无颗粒及异物。

（5）调味用料准确，口味、色泽符合要求。

（6）菜肴烹调及时迅速，装盘美观。

2. 步骤

（1）准备用具，开启排油烟罩，点燃炉火使之处于工作状态。

（2）对不同性质的原料，根据烹调要求，分别进行焯水、过油等初步熟处理。

（3）吊制清汤、上汤或浓汤，为烹制高档及宴会菜肴做好准备。

（4）熬制各种调味汁，制备必要的用糊，做好开餐的各项准备工作。

（5）开餐期间，接受打荷安排，根据菜肴的规格标准及时进行烹调。

（6）开餐结束，妥善保管剩余食品及调料，擦洗灶头，清洁整理工作区域及用具。

五、冷菜制作标准与要求、步骤

1. 标准与要求

（1）菜肴造型美观，盛器正确，分量准确。

（2）菜肴色彩悦目，口味符合特点要求。

（3）零点冷菜接订单后 3 分钟内出品，宴会冷菜在开餐前 20 分钟备齐。

2. 步骤

（1）打开并及时关灭紫外线灯对冷菜间进行消毒杀菌。

（2）备齐冷菜用原料、调料，准备相应盛器及各类餐具。

（3）按规格加工烹调制作冷菜及调味汁。

（4）对上一餐剩余冷菜进行重复加工处理，确保卫生安全。

（5）接受订单和宴会通知单，按规格切制装配冷菜，并放于规定的出菜位置。

（6）开餐结束，清洁整理冰箱，将剩余食品及调味汁分类放入冰箱。

（7）清洁整理工作场地及用具。

六、点心制作标准与要求、步骤

1. 标准与要求

（1）点心造型美观，盛器正确，各客分量准确。

（2）装盘整齐，口味符合特点要求。

（3）零点点心接订单后 10 分钟内可以出品，宴会点心在开餐前备齐，开餐即听候出品。

2. 步骤

（1）领取备齐各类原料，准备用具。

（2）检查整理烤箱、蒸笼的卫生和安全使用情况。

（3）加工制作馅心及其他半成品，切配各类料头，预制部分宴会、团队点心。

（4）准备所需调料，备齐开餐用各类餐具。

（5）接受订单，按规格制作出品各类点心。

（6）开餐结束，清洁整理冰箱，将剩余食品及调味品分类放入冰箱。

（7）清洁整理工作区域、烤箱、蒸笼及其他用具。

二、实行菜品制作规范考评

菜品制作或烹调操作是否规范，可通过对其制作成品（菜品）实行考评来证实。菜品加工考评评分见表 2—5。

表 2—5　　菜品加工考核评分表

菜品名称：　　　　年　月　日

项目	考评加工与分值							合计得分	其他表现				备注
项目	色泽	口味	芡汁	质地	刀工	配料	造型		姿势	卫生	用料	时间	
分值	15 分	20 分	10 分	10 分	20 分	15 分	10 分						
评分													

考评人：

评分说明：90 分以上菜品加工制作优秀；80～89 分为良好；70～79 分为合格；60～69 分为基本合格；60 分以下为不合格。

学习单元 2　出菜速度、成菜温度管理

学习目标

- 熟悉出菜速度管理的作用，并进行出菜速度管理。
- 熟悉成菜温度管理的作用，并进行成菜温度管理。

知识要求

顾客在餐厅就餐，非常关注上菜的速度和菜品的温度。上菜速度、成菜温度管理是厨房生产管理的终极环节，是厨政管理重要的工作内容。

一、出菜速度管理

1. 出菜速度管理的作用

餐饮企业要又好又快发展，厨房生产的又好又快是其基本保证。这里的“好”就是厨房产品质量；“快”就是出菜速度，要及时出菜。出菜速度是厨房生产工作效率、生产流程有序规范、厨房员工同心齐力、协调配合、生产制度健全、厨政管理有方以及设施设备、用具餐具、厨房环境程序良好等方面的综合体现。出菜速度是满足顾客进餐又好又快的心理需求，是餐厅特色、精神风貌的一个折射，是服务热情的一个具体表现。因此，抓好出菜速度管理，对于扩宽客源，发展餐饮服务，提高餐饮企业效益有重要作用。

2. 出菜速度管理的重点

出菜速度管理应着重抓好以下几点：

（1）建立出菜速度管理制度

出菜速度管理制度即用制度来管理出菜速度，其内容应当科学全面，切实可行，易操作，利管理，主要包括：订单接收到排菜安排、订单生产流水线程序、生产环节环环紧扣，上下作业协调配合，以及成品质量检验、出菜时间记录以及奖惩办法等。

（2）抓好客人点菜的菜单（订单）管理

客人点菜的菜单即订单是厨房菜品生产的任务书。应按订单要求及时排菜、出菜，即厨房接单后，要在一定的时间限度内按菜肴品质、数量、生产流程制作出来。厨政管理人员应现场督导管理订单生产。

特别提示：

按订单排菜，保证出菜速度应注意 3 点：一是要按照接单先后次序排菜；二是要考虑上菜的次序，先上的菜品先排；三是加工制作时间较长的菜品先安排。

（3）抓好订单生产协调工作

要达到生产环节环环紧扣，上下作业协调配合，生产流线畅通无阻，出菜速度让客人满意的效果。

（4）抓好成品质量检验

成品质量检验是菜品生产效果的检验，是生产过程质量把关的终极环节。经检验对不符合质量的菜品要坚决返回调整，或缺什么补什么；如果整体菜品质量达不到标准，应重新烹制，绝不能因为出菜速度而忽视质量；还要避免认为菜品质量有小小的问题，客人可以谅解，不会计较，不会退菜等侥幸心理，而勉强出菜以次充好的现象发生。

（5）教育培养厨房员工菜品质量与出菜速度“两手抓，两手硬”的理念和行为习惯

在保证菜品质量的前提下提高出菜速度，在保证出菜速度、及时出菜中突出菜品质量，实现菜品真正意义上的“好”与“快”。

（6）控制一次菜肴的烹制量

控制炉灶一次菜肴的烹制量是保证出品质量与速度的有效措施。坚持菜肴少量勤烹，即能做到每席菜肴出品及时。

二、成菜温度管理

1. 成菜温度管理的作用

成菜温度适宜恰当是菜品质量的一种重要内涵，是客人对菜品质量的一种心理和生理需要。因此，成菜温度管理对于保证菜品质量、满足客人需求具有重要作用。

（1）控制成菜温度，是控制菜品质量的重要组成部分

菜品的温度是菜品质量的具体体现。不同的菜肴对温度的要求有所不同。例如，如果烧三鲜、水煮肉片等菜肴上桌后的温度不足 30℃，那么无论此等菜肴色、形、味怎么适宜，但因上桌后菜肴温度达不到规定要求，其绝佳特色风味也将会丧失。因此热菜要热，凉菜要凉，这既是标准要求，也是基本特色，即控制了菜品质量。

（2）控制成菜温度，是客人品尝美味佳肴的重要保证

美味佳肴是客人追求的核心。菜品恰当的温度能够刺激味觉，让客人有品尝佳肴的美的感受与美的享受。通常热菜的最佳食用温度为60～65℃，冷菜最好在 10℃左右。但也有温度较高的热菜，如麻婆豆腐要吃“烫”，因为滚烫的豆腐食用时才有“滑嫩”之感，如果温度低了，不仅“滑嫩”感觉会消失，麻婆豆腐的风味特色也会随之丧失。

2. 成菜温度管理的重点

成菜温度控制管理的重点是采取措施保证菜品上桌温度在其规定的范围内。

（1）按菜品温度规定加工烹制。各类菜品出品温度规定见表 2—6。

（2）抓好上菜速度管理，菜点成品制成后，不在厨房或备餐间积压，及时上菜。

（3）加快分菜、派菜速度，保持菜肴温度，不致使其变凉。

（4）控制菜品同时上桌数量，避免多个菜品同时上桌，客人未及食

用，温度便下降的现象。

（5）对盛器、餐具进行保温处理，避免盛器、餐具不热而造成菜肴温度下降的情况发生。

表 2—6　　各类菜肴、食品出品温度规定

食品名称	提供食用温度/℃	食品名称	提供食用温度/℃
冷菜	10	热菜	70
热汤	80	热饭	65
沙锅	100	啤酒	6～8
冷咖啡	6	果汁	10
西瓜	8	热茶	65
热牛奶	63	热咖啡	70

学习单元 3　烹调质量检查

学习目标

➢掌握烹调质量检测方法，以及做好烹调质量检查管理。

知识要求

一、烹调质量检查方法

烹调是餐饮产品生产的最后一个阶段，是确定菜肴色泽、口味、形态、质地的关键环节。因此，进行烹调质量控制检查尤为重要，烹调质量检查是厨房生产管理的组成部分，是烹调过程管理的终极环节。进行烹调质量检查主要是抓好工序检查、成品检查和全员检查。

工序检查指食品加工过程中，负责每一道工序的厨师必须对上一道工序的食品加工质量进行检查，如果发现不合格，应予返工，以免影响

成品质量。

成品检查指菜肴送出厨房前必须经过厨师长或专门菜品质量检查员的检查。成品检查是对厨房加工、烹调质量的把关验收，因而必须严格认真，不可马虎。

全员检查指除上述两方面检查外，餐厅服务员也应参与菜肴成品质量的检查。要抓好全员检查，就必须向员工灌输厨房为餐厅服务、厨房生产服从餐厅服务的观念，改变餐饮服务以厨房为中心、厨师说了算的传统做法。因为餐厅服务员直接为就餐顾客服务，更了解顾客对菜肴质量的意见，因而对菜肴质量的检查往往更有针对性。有些餐厅在厨房的出菜处贴有警示性的告示“如果你对手中食品菜肴的质量不满意，请不要端出厨房”，用来提醒服务员把好质量检查关。

除了上述三方面检查外，还可以通过客人意见或管理者充当客人，亲身实地感受就餐的气氛，品尝菜肴味道，观察客人的表现和情绪。这种方法往往能找到一般检查所不能发现的问题。通过各种渠道，询问、征求客人的意见，了解客人对服务、菜肴质量等方面的意见，以便厨房生产产品质量的稳定和提高。

二、烹调质量检查管理

烹调质量检查管理的重点是准备工作检查、餐前检查、卫生检查、菜肴烹调过程检查和装盘检查。

1. 准备工作检查

（1）样品配份摆放

样品配份摆放检查的重点是样品配份是否按要求摆放。样品配份摆放的要求是：

1）各炉灶厨师将自己所分工负责的菜肴品种，按标准菜谱中规定的投料标准和刀工要求进行配份，将一份配份完整菜肴的各种原料按主、辅料的顺序依次码放于规定的餐具中，然后用保鲜膜封严，作为菜肴样品。

2）将自己加工好的所有菜肴样品摆放于餐厅冷藏展示柜划定的区域内，并放好价格标签。

3）样品的码盘、摆放要美观大方，引人注目。

4）要保持好各自展示柜内样品摆放区域的干净卫生。

（2）工具准备摆放

工具准备摆放主要检查以下 5 个方面：

1）检查炉灶。通电通气检查炉灶、油烟排风设备运转功能是否正常，若出现故障，应及时自行排除或报修。

2）炉灶用具。将手勺放入炒锅内，将炒锅放在灶眼上，漏勺放于油瞥上，垫布放入炒锅左侧，炊帚、筷子、抹布等用具备好，放于炒锅右侧。

3）炉灶试火。打开照明灯，先点火放入灶眼中，再打开燃气（或油）开关，调整风量，打开水龙头，注满水盒后，调整水速，保持流水降温。试火后仅留 1～2 个用于熟处理的共用火眼，其他关闭。

4）调料用具。各种不锈钢、塑料调料盒。

5）所有用具、工具必须符合卫生标准。具体卫生标准是：各种用具、工具干净无油腻、无污渍；炉灶清洁卫生，无异味；抹布应干爽、洁净，无油腻、无污物、无异味。

（3）调料准备

调料准备的检查内容是是否将烹调时所需的各种成品调味品检验后分别放入专用的调料盒内。

（4）制备调料

自制的调味料主要有调味油、酱、汁等，其检查内容是否按标准菜谱要求准备。

1）制作调味油。按标准菜谱的要求制作葱油、辣椒油、花椒油、葱姜油、明油等常用的调味油。

2）制作调味酱。按标准菜谱的要求制作煲仔酱、黑椒酱、蒜茸酱、辣椒酱等常用的调味酱。

3）制作调味汁。按标准菜谱的要求制作素芡汁、精卤汁、白卤汁、西汁、鱼汁等常用的各种调味汁。

2. 餐前检查

餐前检查的项目有：

（1）炉灶是否进入工作状态。

（2）油、气、电路是否正常。

（3）提前 30 分钟将其他炉灶点燃试火。

3. 卫生检查

（1）准备工作过程的卫生要求

准备样品、工具与预热加工过程要保持良好的状况，废弃物与其他垃圾随时放置于专用垃圾桶内，并随时将桶盖盖严，以防垃圾外溢。炉灶台面随手用抹布擦拭，各种用具要保持清洁，做到每隔 20 分钟全面整理一次卫生。

（2）准备工作结束后的卫生检查

准备工作结束后的卫生检查具体要求是：台面无油腻、无杂物，炊具、抹布干爽、无污渍。所有准备工作结束后，应对卫生进行全面清理。

1）将一切废弃物放置于垃圾桶内，并及时清理掉。

2）对灶面及各种用具进行全面整理、擦拭。

3）使用完的料盘要清洗干净并放置于规定的位置，一切与作业过程无关的物品均应从灶台上清理干净。

4）对灶前地面或脚踏板应进行清洁处理，发现油渍等黏滑现象应及时处理干净。

4. 菜肴烹调过程检查

（1）是否进行了接料确认

在接到打荷厨师传递配份好的菜肴原料或经过上浆、挂糊及其他处理过的菜料后，首先应确认菜肴的烹调方法，确认工作应在 10～20 分钟内完成。

（2）是否按工艺流程要求烹调菜肴

1）根据标准菜谱的工艺流程要求，按打荷厨师分发的顺序对各种菜肴进行烹制，烹制成熟后，将菜肴盛放在打荷厨师准备好的餐具内。

2）占灶厨师烹制相同的菜肴时，每锅出品的菜肴为 1～2 份。

3）如果有催菜、换菜需优先烹制的菜肴应在打荷厨师的协调下优先烹制。

5. 装盘检查

占灶厨师将烹制好的菜肴装盘后，应在打荷厨师整理、盘饰前进行质量检查，检查的重点是菜肴中是否有异物或明显的失饪情况，一旦发现应立即予以处理。

【案例 2—1】

某酒楼厨房生产流程规范

一、餐前准备

1. 上午 9：30 按时到岗，接受厨师长和领班厨师的任务分配；认真核对上午订单，检查原料及调味料是否满足订单所需及品质是否存在变质等影响正常开档的问题；如发现有影响正常开档的问题及时向上级领导汇报，并协助解决；认真执行餐前消毒工作，检查常用器具是否卫生合格。

2. 下午 16：20 按时到岗，认真核对下午订单，并做好调味料的增补工作；及时处理临时来单，及时向领班厨师及领导汇报，在最短时间内做好临时来单的准备工作。

二、开档

1. 按订单时间及量做好开档工作

（1）严格执行避免浪费原则，按订单的多与少来准备原料，合理利用。

（2）按订单规格及领班厨师的合理安排来制作菜肴。

（3）遵循按时按量保质原则制作每道菜肴。

（4）认真设计每道菜肴的围边、造型。按用餐规格、菜品档次，遵循领班厨师的思路合理制作。

（5）上菜之前，保证每道菜品无污染，符合食品健康安全标准。

2. 保证食品的食用安全

（1）严格按照食品的食用要求检查原料的品质安全。

（2）做好砧板的消毒（如酒精、84 消毒液）工作，生熟分开切配。

（3）蔬菜清洗净后按一定比例用清盐水浸泡数分钟，避免农药残留，起到杀菌消毒的效果。

（4）不知属性的原料不制作，发现问题及时汇报。

（5）做好留样工作，不弄虚作假，如实留样。

3. 服从并尽力完成顾客及领班厨师对工作的要求

（1）以满足顾客所需为荣，总结和结合实际情况，善于开拓思路，根据节气变化分析顾客需求。根据时间、地点及顾客不同的需求尽最大能力地满足顾客。

（2）根据领班厨师和领导提出的要求，尽力按时完成。上班时间一切以领导为核心，保证各项工作有序进行。

三、收档

（1）彻底打扫，全面对待每一个死角上的卫生；做好砧板、刀、毛巾、用具等的消毒工作。

（2）及时开启紫外线灯。关好煤气、水、电，锁好门窗及冰箱上的锁。

（3）将本天垃圾在规定时间内送到垃圾房，倒完垃圾后及时清洗，套上专用垃圾袋。

（4）检查各种原料现在状况，碰到需要处理的，及时向上级领导汇报，避免不必要的浪费。

（5）为早晨厨师按订单来配备好早餐用餐原料，做到生熟分开，不混放，不乱发。

思　考　题

1. 烹饪原料初加工有哪些基本要求?

2. 请结合实际工作经验，谈谈如何进行烹饪原料加工质量标准管理。

3. 刀工成形有何基本要求? 如何进行墩子加工作业流程质量管理?

4. 配菜管理的作用是什么? 如何进行配菜作业程序管理?

5. 举例说明如何进行配菜数量控制与质量管理。

6. 烹调操作规范管理有哪些基本要求?

7. 请结合实际工作经验，谈谈如何进行热菜烹调操作规范管理。

8. 举例说明如何进行冷菜和面点产品烹调操作规范管理?

9. 出菜速度管理有何作用? 出菜速度管理应着重抓好哪些环节的工作?

10. 成菜温度管理有何作用? 如何进行成菜温度管理?

11. 举例说明如何进行烹调质量检查。

第3章 物料管理

餐饮企业（厨房）物料管理是实施对烹饪原料采购、验收、储存、发放和涉及厨房设备、用具的各项有效安排，其实质就是管理质量控制。物料管理是餐饮管理中的重要环节。餐饮食物产品的生产过程分为两大环节，即原料供应和出品加工与制作。这两个环节紧密联系，厨房要生产出优质的产品，必须获得具备相应质量标准的原料和高效、有品质的厨房设备与用具，这是控制餐饮产品质量的前提，是餐饮经营质量和特色的保证。

第1节 烹饪原料管理

学习单元1 烹饪原料采购管理

学习目标

➢熟悉烹饪原料采购原则和采购方式。

➢掌握烹饪原料采购的基本程序。

➢能够进行烹饪原料采购标准控制。

知识要求

烹饪原料采购是烹饪原料管理的首要环节。它直接影响到餐饮原料管理的全部活动和餐饮成本的有效控制。烹饪原料采购即指餐饮企业根据餐饮生产和经营目标，以合理的价格购取符合出品质量标准和特色的烹饪原料的过程。

一、烹饪原料采购原则

1. 勤进快销原则

勤进快销原则是商业零售企业组织实施采购的一条基本原则，同样适用于餐饮企业烹饪原料采购。由于餐饮企业经营的品种繁多，各类食物原料均有一定的保质期，加之储存空间和供餐时间又受生产时间和生产周期的极大制约，而且要适应顾客多样化的消费需求，因此，勤进快销能利于餐饮企业有效达到占用较少周转资金和设备的管理目的。勤进与快销是相互联系、互为条件的。

勤进快销原则还有一个重要方面是：根据厨房所列采购原料品种进行采购；采购原料数量依据厨房用料预算及库存量决定；采购原料交货时间必须与厨房用料时间紧密配合。

2. 以销定进原则

以销定进原则即根据顾客的消费需求来决定采购什么原料、购进多少和什么时间采购，其进货类别与数量是以菜单销售需要及其变化为依据的。但仅单纯地以销定进也会使采购处于相对被动的地位，所以，餐饮采购部门及其人员也要积极扩大采购来源，并有效储备一定量的相关原料，特别是在销售旺季，以利于有效配合餐饮生产部门对烹饪原料的最大需求，进而促进消费，扩大销售，提高餐饮企业的经济效益。

3. 采购目标原则

采购目标原则是指烹饪原料采购要符合原料采购的基本目标。餐饮企业的烹饪原料采购是餐饮企业成本流动的主要形式，它的重要性在于能在适当的时间内将相应规格烹饪原料提供给厨房，以生产出优质的菜品。所以控制采购，降低存货，减少资金占用，保障烹饪原料质量规格符合要求，将价格控制在最合适的水平，是烹饪原料采购的目标原则。

4. 采购特点原则

采购特点原则是指烹饪原料的采购应当具有多样性、多变性、时间性、突发性等特征。烹饪原料成本是构成餐饮成本的重要组成部分。餐饮企业烹饪原料采购对象主要指干货原料和鲜货原料两大部分。餐饮企业餐饮产品的特点，餐饮生产、餐饮销售和服务的特点，餐饮消费的特点，以及烹饪原料自身性质、质量的特点在一定程度上决定了原料采购具备相应特点，即：餐饮经营项目多，形成原料种类极其繁多；烹饪原料保质期相对较短，导致采购批量相对较小；烹饪原料采购批量较小，导致采购次数频繁；勤采购，直接影响烹饪原料的价格变化大。此外，烹饪原料采购与其他物料采购相比，还具备采购的多样性、多变性、时间性、技术性和突发性等特征。

二、烹饪原料采购方式

由于原料供货市场纷繁复杂，究竟采用何种采购方式并没有固定的模式。餐饮企业应根据厨房生产业务要求，并结合采购市场的实际情况进行分析比较，选择适合的最佳采购方式。

1. 计算机网上采购

随着电子商务的发展，越来越多的网上供货商受到了餐饮企业的重视。网上供应商充分发挥电子商务的优势，占领了相当规模的餐饮采购市场。网上采购的具体实施方法是：各原料使用部门向采购部提交原料申购单，表 3—3 为烹饪原料申购单，它包括申购原料的编码、种类、数量、用途、要求和到货时间等。申购单经过采购部确认并提供进货价格，再通过计算机网络传送到成控部门，由成控部门核实价格，并发送到厨房部门，经审批后执行。网上采购采用的是科学合理的管理方法，计算机系统通过各种烹饪原料的索引，能自动生成各类供应商的名单，并提供相关资料如供应商的历史送货情况和所供货商品的价格等，极大地提高了采购速度。

2. 定点采购

定点采购是指选定一个或多个供应点购买所需烹饪原料，以保证部分市场供应不足的原料品种能得到及时地供应。定点采购必须具有满足厨房生产所需烹饪原料的质量、价格和数量的能力。定点采购时，须充分掌握市场行情，否则，会失去对价格的有效控制。选定的采购点一般为烹饪原料直接批发单位和烹饪原料生产单位等。

3. 招标采购

这是一种有效进行采购成本控制的采购方法，为现代大型餐饮企业所采用。招标采购即采购单位把所需采购原料的名称、规格和标准，以投标邀请的形式，发布给有关供货单位，供货单位接到邀请后即行投标，报出价格，以密封的文件形式寄回采购单位。只要供货单位的原料能符合企业采购规格标准，出价最低者中标。这种方法有利于采购单位在保证原料品质的情况下选择最低的价格，但不利于在合同期内另行采购价格可能更低、质量更合适的原料。

4. 竞争报价采购

竞争报价采购一般适用于采购次数频繁，需要每天进货的烹饪原料采购。餐饮绝大部分鲜活原料的采购业务多属此种性质，即采购人员在充分获得市场行情的情况下，根据购货量，通知多家供应商，并向供应商提出价格要求，使供应商之间展开价格竞争，然后比较购买。在烹饪原料买方市场的前提下，利用此方式有利于餐饮企业就现有的市场空间，选择可靠的供货渠道，从而获得较为经济的烹饪原料。此方法的不足之处是在原料产品紧缺，或高质量的原料供应不足的时候就会失去一定的意义。竞争报价采购是餐饮企业把握烹饪原料采购主动权的有效方法。

5. 集中采购

集中采购为连锁餐饮企业普遍采用的采购方式，即大型餐饮公司或餐饮连锁集团由其总部直接统一管理的采购办公室，为本公司在该地区的各餐饮企业统一集中采购各种烹饪原料。具体办法是各餐饮企业将各自所需的各类原料按时上报公司采购办公室，办公室汇总后进行集中采购。订货以后，可根据具体情况由供货单位分别送到各个餐饮企业，也可由采购办公室统一验收，随后再发放。

此法的优点是：批量购买可享受优惠价格，便于与更多的供货单位联系，原料挑选余地较大，有利于使用量原料的大量储存，能有效保证各个餐饮企业的原料及时供应，能减少各餐饮企业采购者营私舞弊的机会。当然，集中采购也有不足之处，即不利于餐饮企业按自己的特殊需要进行采购，基层餐饮企业不得不放弃当地可能出现的廉价原料。集中采购主要适用于经营标准一致的连锁餐饮企业和经营类别不一致的大型餐饮企业采购贵重或大宗原料。

采购方式是在不断变化发展的。以上采购方式，各餐饮企业厨房可根据自己的档次、规模、隶属形式、业务特点和市场条件等因素综合选择使用。

烹饪原料采购方式还包括日常采购、定期采购、合同采购和应急采购等，此处不赘述。

特别提示：

采购人员是指在餐饮企业中负责采购烹饪原料的工作人员。餐饮企业由于采购的烹饪原料繁多，而且对新鲜度、品质和保质期限等要求严格，所以，采购人员必须具有丰富的实践经验和广泛的专业知识，才能有效完成各项采购任务。采购人员应熟悉并精通每一种原料的用途及质量标准要求，熟悉烹饪原料的采购渠道、采购市场；熟悉销售菜单和标准化食谱上的每一类菜点，熟悉企业毛利率和理想的毛利标准。这是餐饮企业采购人员选拔和任用的基本和重要业务条件。

由于采购人员的特殊工作性质，用什么样的人是采购控制的核心之一，企业在人力资源管理中，必须把有效考核和评估采购人员品格素质放在首要位置，并作为任用的核心条件。

能力要求

一、烹饪原料采购准备工作管理

1. 有效做好烹饪原料采购的市场调研与分析。烹饪原料采购的市场调研可以通过表格化形式进行，见表 3—1。

表 3—1　　烹饪原料采购来源信息表

年　月　日

食品原材料	品种	供货商或采购单位	拟采购时间
蔬菜、水果及食用菌原料	蔬菜		
	水果		
	食用菌		
家畜、家禽原料	生猪产品		
	牛羊肉		
	鸡鸭肉		
	其他		
水发原料	鱿鱼		
	毛肚		
	黄喉		
	鹅（鸭）肠		
	其他		
水产品原料	海水产品		
	淡水产品		
	其他		
食用油脂原料	锅底油		
	油碟油		
	其他		

续表

食品原材料	品种	供货商或采购单位	拟采购时间
调味品原料	酱油		
	醋		
	豆瓣		
	其他		
米、面、杂粮原料	米		
	面		

2. 确定原料供应商。

3. 由厨房填写厨房烹饪原料需用单（见表 3—2）。

表 3—2　　厨房烹饪原料需用单

品名	规格	单位	需用量	需用时间

4. 由原料库房填写烹饪原料申购单（见表 3—3），经审核后交采购部执行。

表 3—3　　烹饪原料申购单

<table>
<tr><td colspan="2">部门</td><td colspan="4">送往　　通知</td><td rowspan="3">供应商</td><td rowspan="3">供应商</td><td rowspan="3">供应商</td><td rowspan="3">所选择的供应商</td></tr>
<tr><td colspan="2">日期</td><td colspan="4" rowspan="2">条件</td></tr>
<tr><td colspan="2">要货期</td></tr>
<tr><td>编号</td><td>数量</td><td>单位</td><td>项目</td><td>预算</td><td>上次价</td><td>价格</td><td>价格</td><td>价格</td><td></td></tr>
<tr><td></td><td></td><td></td><td></td><td></td><td></td><td></td><td></td><td></td><td></td></tr>
<tr><td></td><td></td><td></td><td></td><td></td><td></td><td></td><td></td><td></td><td></td></tr>
<tr><td>申购人</td><td colspan="2">部门主管</td><td colspan="2">询价</td><td colspan="2">采购部经理</td><td colspan="2">财务总监</td><td>总经理</td></tr>
<tr><td>日期</td><td colspan="2">日期</td><td colspan="2">日期</td><td colspan="2">日期</td><td colspan="2">日期</td><td>日期</td></tr>
</table>

送货安排：　　　　　　　　　　　　　　　　　日期：

二、烹饪原料采购流程管理

烹饪原料采购程序由许多环节组成，只有将这些环节紧密相连，才能保证采购工作顺利进行。有效的采购程序，可以使采购人员清楚应该怎样做和怎样沟通，也可以使管理者知道怎样去控制和管理，利于履行其管理职能。

烹饪原料采购流程具体如下（见图 3—1）：

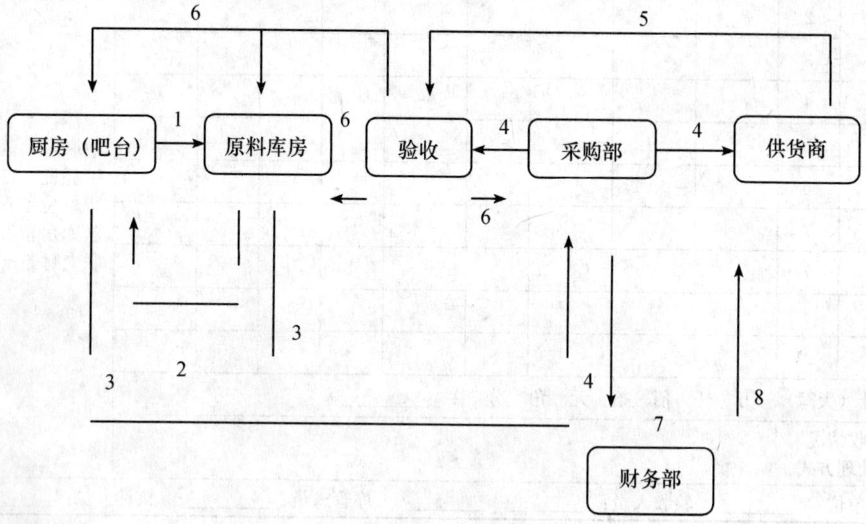

图 3—1　烹饪原料采购流程

（1）厨房根据生产需要，提出新鲜蔬菜类、海河鲜类等类动、植物鲜活原料采购申请，填写“日申请采购单”，报主管经理（成本经理）；库房视库房原料情况，提出干货原料采购申请并填写“库房申请采购单”，得到生产部门确认后，报主管经理（成本经理）。

（2）主管经理审核采购申请，再确认后，送采购部，由其开出“订购单”。“订购单”一式三联或四联：给供应商的订货联；给验收部门的验收联；给财务部门的结算联（重要原材料）；采购部留存联。

（3）由采购部门填写“烹饪原料订购单”（见表 3—4）。

（4）供应商送货或发货至验收部门。

（5）验收部门根据订单验收联验收烹饪原料，若原料合格，干货原料入库房储存；鲜货原料直拨厨房。将供应商的送货发票和送货单加盖“已验收”（“验收合格”）章，通知采购部。

表 3—4　　　　　　　　　　　　烹饪原料订购单

时间：							项目名称：				
								第　周　周___			
类别	序号	原料名称	型号规格	申购数量	单位	实际数量	单位	单价	金额	备注	
	1										注：本表一式四联，一联作报销凭证，二联供货单位留存，三联库房留存，四联交财务核算
	2										
	3										
	4										
	5										
	6										
	7										
	7										
	8										
	10										
合计（大写）　万　仟　佰　拾　元　角　分　¥________											
验收情况及处理方式											

供货单位：________　验收人员：________　________　库管人员：________　核计人员：________

（6）采购部划除此项采购或在电子系统中注销此项采购，并通知财务部门和供应商，进行相应结算。

（7）财务部门与供应商结算，若为贵重原料，在结算时，必须有先前采购部的订货单才能结算。

特别提示：

1. 烹饪原料采购流程管理应注意的事项

（1）避免原料使用部门与供应商直接接触。

（2）原料使用部门须凭“领料单”领料，并严格数量控制。

（3）采购申请需经主管部门及其主管人员审核，并经购买确认，才能如期采购。

（4）采购需按计划和采购标准进行，验收部门需严格把关，按验收程序验收。

(5) 财务部门是最重要的一环，需有效审核采购申请、订购单、验收单和入库单。

2. 职务分离的内容

(1) 采购业务必须由专职采购人员完成。

(2) 采购部门及其人员原则上不同时担任验收工作，特别是贵重原料。

(3) 付款审批人和付款执行人不能同时办理寻求供应商和索价业务。

(4) 采购、储存和使用人不能经过验收担任账务的记录工作。

(5) 付款审核人应与付款执行人职务分离。

(6) 记录应付款人不能同时担任付款职务。

三、烹饪原料采购标准控制

烹饪原料采购标准是指购买什么样的烹饪原料，价格如何，买多少。烹饪原料采购标准控制，主要是控制“采购质量标准”“采购数量标准”和“采购价格标准”。这是采购控制的第三大核心。

1. 原料采购质量标准控制

餐饮企业须根据烹饪原料的生产使用规格和数量，采购品质良好的烹饪原料。原料的质量标准不是越高越好，而应根据企业经营规模、档次、定位和特色以及餐饮消费的需求来确定其质量标准。

烹饪原料的质量在烹饪中通常是指其品质的好坏程度，如质地、颜色、新鲜度、清洁度以及出产地、规格和性状等；烹饪原料的最优质量就是越适于使用，质量就越高。从这个意义上说，最优的质量就是最适用的质量。

厨政管理人员对烹饪原料采购质量控制主要是列出本餐饮企业厨房

所需采购的食品原料目录，以采购规格书的形式规定各种原料的规格要求。

2. 原料采购数量标准控制

采购数量依据于仓库的订货和厨房的使用数量。仓库的订货可根据不同的存货定额来决定采购原料的数量，即确定它的最高和最低库存量。用采购量来调节这种库存量，进行采购数量标准控制时，鲜货原料必须考虑其保质期和耗用量；干货原料须有效考虑库存条件和资金资源状况。

同时，还需有效把握采购数量高低对厨房生产的影响，即进货数量不足，就会造成缺货，影响生产运作；进货数量过大，造成存货成本过高，影响资金周转并造成积压。所以，合理的采购数量是以是否满足生产运作对原料的需求，以及是否符合成本控制的要求为依据的。但进货数量不能超出储存的最高存货量。

3. 原料采购价格标准控制

成功的采购目标之一就是获得理想的采购价格。烹饪原料的价格受各种因素的影响较大，如市场的供求状况、厨房的需求程度、采购的数量、烹饪原料本身的质量、供应单位的货源渠道和经营成本、供应单位支配市场的程度以及其他供应商对其的影响等。根据这些价格因素，针对餐饮企业的经营要求，对采购价格实行控制是必要的。要有效把握对烹饪原料价格标准的控制，做到“随行就市”。

建立烹饪原料采购索让制度是烹饪原料采购卫生管理的重要内容，这将在本教程第 5 章第 1 节学习单元 2 中有专门讲述。

相关链接

选择合格的供应商

一、选择烹饪原料供应商的原则

1. 食品生产经营许可和食品质量认证

按照我国《食品安全法》规定，国家对食品生产经营实行许可制度，对于从事食品生产或食品流通的供应商，应当依法取得食品生产许可、食品流通许可。农民个人销售其自产的食用农产品，不需要取得食品流通的许可。

2. 烹饪原料生产及运输设备、生产运输存储环境、安全监测

生产及运输设备、生产运输存储环境反映食品供应商的硬件水平。对食品供应链而言，冷藏链设施非常重要，高质量产品高效率地生产出来后，如果没有很好的冷藏链设施的支持，也会引起巨大的损失。食品安全监测则反映食品供应商的软件水平，是供应商的质量体系中质量监控与检测的重要环节。

3. 交货提前期和完成订单的履行率

对于餐饮经营单位来说，保持物质流通的通畅能够降低储存成本，提高食品周转率，降低食品腐败变质的可能，同时提高企业对客户需求的反应速度。

4. 供应商的资金实力和企业管理水平

这两项指标使供应商有能力也有条件为可能发生的食品安全问题承担责任，从而降低了采购企业承担的食品安全风险，也是基于食品安全的供应商选择的重要间接指标。

二、确定烹饪原料供应商

确定不同的供应商，将对烹饪原料采购管理产生极大的影响。现代餐饮企业确定供货商的方法是：

(1) 决定某一供应商时，需增强企业各部门监控及实施力度；报价的上浮幅度有授权批准。

(2) 决定某一供应商时，需提供相应的证明文件，包括报价汇总表及不选取具有竞争报价供应商的证据和不选取低成本供应商的证据，并予以归档管理。

(3) 采购大批量原料和贵重原料应把握合理的有竞争性的书面报价单。

(4) 把握供应商的其他基本资料，包括设施和设备配备、原料工艺的竞争能力、质量指标状况、运输能力、劳动力情况、成本结构和财务状况。

(5) 就以上因素确定目标采购价格，并不断与一批供应商协商以达到最优价格。

(6) 当协商的烹饪原料价格、质量、付款期或订单范围发生变化时，应及时加以各项管理调控。

三、实行烹饪原料供应商指标量化考评方法（见表 3—5）

表 3—5　　烹饪原料供应商指标量化考评表

考评指标	分值/分	评分/分	评分人
1. 每次验收合格率	15		
2. 交货及时率	10		
3. 原料质量达标情况	20		
4. 原料品质改变的及时性	25		
5. 服务态度	10		
6. 原料位置摆放	10		
7. 供货结算单、电话回复的及时性、合理性	10		
总分	100		

说明：评分总分在 85 分以上可确定为长期原料供应商；70～84 分可签订短期供货合同，希望供应商调整、改进工作；70 分以下系不可确定的供应商。

学习单元 2　烹饪原料验收管理

学习目标

- 熟悉烹饪原料验收体系及验收设备工具。
- 掌握烹饪原料验收方法和程序。
- 能够进行烹饪原料验收管理。

知识要求

烹饪原料采购到货后，其验收工作也随之开始。所有烹饪原料采购必须经过验收才能确认采购的各项指标，才能作为直拨原料或储存原料，送到使用部门或仓库保管部门。烹饪原料的验收管理必须建立科学的验收体系，运用切实可行的验收方法与步骤，并务实加强验收控制。

健全的验收机制包括称职的验收员，实用的器材，合理的验收标准、验收程序及良好的验收习惯和有效的检查监督。

1. 验收部门

验收部门的设立，验收部门与其他部门之间的关系，主要依据餐饮企业规模大小而异。大型餐饮企业有专门的验收部门，而中型饭店及社会餐饮一般不设验收部，只设验收员。餐饮企业应根据自身的特点，设计和建立自己的验收体系，旨在充分发挥验收的作用，有效控制好成本和原料质量，减少舞弊行为，切实履行验收职责。

2. 验收人员

验收人员作为烹饪原料管理的重要人员，必须具备良好的职业道德，应受过专门的验收培训，熟悉烹饪原料采购的规格和标准，对烹饪原料的质量能作出准确的判断。另外，验收人员要熟悉餐饮企业的财务制度，懂得各种账单的处理方法和处理程序，并能加以正确的处理。

验收人员应把握验收原则，始终坚持按制度办理验收手续，具有熟练的业务素质并切实做到所验收的项目与送货发票和订购单相符合；验收原料质（重）量和数量同发票所开列的质（重）量和数量相符合；验收原料的品质与订购规格书相符合等。同时，注意各项验收签名和印章，这是有效明确验收责任的关键。

3. 验收设备与工具

验收部门应备足够的验收工具。既要有处理大宗原料的磅秤，也要有处理小件原料的天平秤。各种称量工具应定期校准，以确保精确度。此外，验收办公室还应有温度计、暗箱、起钉器、纸板箱切割工具、榔头、尖刀等工具以及验收单、验收标签、送货发票、收货单、验收工作手册和采购烹饪原料的品质标准等单据及材料。

能力要求

一、烹饪原料验收的方法和程序

验收工作必须建立有效的方法和程序，保证对烹饪原料的采购实行最大限度地验收控制。

烹饪原料验收的方法和程序主要是：

1. 根据订购单和送货单及发票检查进货

验收人员要负责核实送验货原料品种是否符合订购单上所规定的品种及规格质量要求，符合相关要求的原料要及时进行检验，不符合要求的则应拒收。供货单位的送货单（见表 3—6），是随同一起交付的，供货单位的结账是根据送货单所显示的信息为依据的。因此，送货单及结账的发票是付款的主要凭证。验收时应根据送货单及发票来核实各种原料的数量、价格和规格。

表 3—6 烹饪原料送货单

品名	单位及规格	数量	单价	合计

送货单位： 送货员： 日期：

2. 对不合格原料予以退回

对质量不符合规格要求或分量不足的原料，应给予退货。退货时，应填写退货单，在退货单上填写所退原料的名称、退货的原因等内容，并要求送货员签名。退货单一式四联，一联留验收部，一联交送货员带回送货单位，其余二联分别交采购部和财务部。退货后，应向采购部有关人员报告并处理相关事宜。

3. 受理烹饪原料

前几项核对完成后，验收人员应在送货单及发票上签字并接受原料。有些餐饮企业为了方便控制，要求在送货发票或发货单上加盖验收章。验收单包括收货日期、单价、总金额和验收人员等，验收人员要正确填写上述项目，并签字。检验认可后的原料，就应由餐饮企业负责，而不是再由采购人员或供货单位负责。原料验收合格后，干货及时入库，鲜货直拨使用部门。

4. 填写验收单

无论是以什么形式送货，烹饪原料验收都要填写验收单。在验收时验收员按购回的烹饪原料分别称重、点数、核价，然后填写验收单（见表 3—7）。烹饪原料验收单共三联：一联交成本控制；二联交仓库；三联交接收部门。验收单的验收记录，要真实反映相关数据：采购订单编号、采购申请单编号、品名、供货商、数量、单价、验收日期、验收原料的发票号、发货单号及该类原料存放的库房或直拨的部门。同时，要有验收人员的签字或印章。

表 3—7　　　　　　　　　　　　　烹饪原料验收单

供货商：　　　　　　　　　　　　　　　　　　　　编号：
订购部门：　　　　　　　　　　　　　　　　　　　时间：

品名	规格	单位	数量	单价	合计	备注
合计						

供货商：　　　　　　　　　　　　　　　　　　　　验收员：

5. 库房接收烹饪原料

库房收货后，把订购单、采购申请单的财务联连同送货单及送货发票传至采购部，采购部据此注销该项采购，将有关单据交至财务通知财务部门采购完成。

6. 填制“重点原料标鉴”

填制“重点原料标鉴”即根据企业所编制的重点原料目录，填制此类标鉴，并随同原料转交库房管理员，由库房管理员悬挂或粘贴在原料有效地点，便于盘点。

7. 编制“烹饪原料验收日报单”

大型餐饮企业一般还要编制“烹饪原料验收日报单”（见表 3—8），以显示原料项目、供应商、发票号、数量、单价、金额、厨房订购原料、库房采购原料等信息。

表 3—8　　烹饪原料验收日报表

企业名称：　　　　　　　　　　　　　　日期

编号

货品名	供应商	名称	发票号	数量	单价	直接采购食品				库房采购食品					
						厨房		厨房		库房		库房		库房	
						金额	数量	金额	数量	金额	数量	金额	数量	金额	数量
合计															

填表人：

特别提示：

进行烹饪原料验收时，须特别注意加强三个“相同”的核实：

1. 到货数量与进货数量相同。
2. 到货的烹饪原料质量与订货的烹饪原料质量相同。
3. 送货发票的价格与订货的价格相同。

二、烹饪原料验收控制

有效实施烹饪原料验收工作，须切实做好以下相关控制：

（1）为防止验收员验收舞弊，验收工作应在财务部门监督下进行。

（2）食品采购员应协助验收员的验收工作：由于采购人员更为了解烹饪原料的相关情况，所以采购人员应对验收工作给予一定的协助和帮助。此外，厨师长也应经常检查烹饪原料的质量，了解食品的进行成本。

（3）在验收中，还应做好防止烹饪原料损失工作：要指定专人负责验收工作，而不是谁有空谁验收，验收工作和采购工作分别由专人负责。采购人员不能兼任验收工作。原料验收合格之后，尽快将干货烹饪原料送入储存库；鲜货烹饪原料直拨使用部门，以防止食品变质和损坏。

烹饪原料质量验收是验收的重要内容，涉及食品安全卫生管理，这将在本教程第5章第1节学习单元3“烹饪原料验收卫生管理”中专门讲述。

【案例3—1】

某酒楼烹饪原料采购与验收管理规范

某酒楼采购部经理遇到采购管理中一个常见的问题——采购与验收工作的矛盾。

酒店采购的物品，因没有成文的标准和明确的分工，收货组只管收货不管质量，往往到了使用时发觉不好才退货。这样，就产生了一个弊病——经常与供应商扯皮，尤其是鲜活货品，经常是公说公有理，婆说婆有理。于是，酒店将采购和收货完全分开，实行规范化管理，确立和完善了饭店物资采购的请购、报价、审批、验收及报账制度，使物资的采购、验收等环节相互制约。具体措施如下：

一、采购管理

烹饪原料采购、请购单需由厨房专人填写，以确定数量和规格，而采购员报质量和价格，再由主管经理批准执行。

1. 统一采购标准，并且以书面形式确定下来，作为收货依据

采购标准文字说明必须清楚明了，其包括品名、规格、质量、价格、供应的方式与时间，达不到标准处理方法等，不能似是而非。

2. 合理认定价格

因物价是多变的，酒楼每周一派两位采购员去本地三个最大的农贸批发市场，把菜价摸上来，综合三家，取出平均价，即为酒楼每星期的收货定价。由于酒楼需要的菜肴原材料质量要求较高，如白菜，收购时

需割掉菜帮，在原价上可略微上扬。

3. 每天填写工作日记

内容如一天的市场情况，工作情况，上哪儿去了，干什么了。每周由主管经理审阅，以此来了解员工的工作内容和成效，便于考核。

4. 根据行情定购量

采购员要经常进行市场调研，提供数据，这样工作量虽大，但有利于降低成本。

二、验收管理

酒楼采购部规定，如果原料验收认为不合格，采购人员不能说情。

验收货后必须制表，哪个厂家，什么货物，是哪个部门用，多少钱，然后输入计算机。实行计算机管理，并对每日、每月饭店所需的物资购进、验收等情况进行汇总制表、归档。

学习单元3　烹饪原料储存管理

烹饪原料储存是指对各类烹饪原料的分类妥善保管，旨在确保生产和销售服务活动能均衡、不间断地正常进行。餐饮经营工作要实现最低的成本、最快的资金周转、最佳的经济效益并使顾客需求得到充分满足，必须制定合理的库存量，并对库存进行有效的管理控制。烹饪原料储存与原料采购和厨房生产服务紧密相关，储存管理是保证厨房菜品质量和成本控制的重要管理环节。

学习目标

- 熟悉烹饪原料储存的作用与条件。
- 掌握烹饪原料储存管理知识。
- 能够进行烹饪原料储存管理。

知识要求

1. 烹饪原料储存的作用

烹饪原料储存是原料采购与餐饮产品之间的重要环节，储存环节的烹饪原料质量对厨房生产质量有着直接的影响，储存中所形成的烹饪原料的变化，会以餐饮产品的形式直接转嫁给顾客，并产生经营连锁反应。良好的储存控制能有效控制原料的数量和质量，有助于降低餐饮成本，确保生产的顺利实施。同时，有效地储存还可以弥补烹饪原料生产季节和餐饮消费的时间差，保证在采购淡季中有关原料的供应。此外，正确的储藏方法可以有效防止细菌在烹饪原料之间的传播。

2. 烹饪原料储存的条件

烹饪原料储存的条件或基础主要包括仓库、仓库的温度、湿度、光线和通风、仓库卫生要求、储存设备和相关用品用具等。

（1）仓库及其类型

仓库是烹饪原料储存的必需条件。不同类型和规模的餐饮企业其原料库构建不尽相同。餐饮企业应设置适宜于自身采购特点和经营特征的仓库。仓库一般分为中心仓库、各经营点的分仓库、干藏仓库、冷藏仓库、冻藏仓库、食品库、酒水库等不同类型。

（2）温度、湿度、光线和通风

几乎所有烹饪原料对温度、湿度、光线和通风的变化都十分敏感。不同的原料储存时对温度和湿度的敏感程度不一样。因此，不同的原料应存放于不同的储存仓库中，并给予不同的温度、湿度，保证良好的光线和通风，才能确保最佳的储存质量。

（3）卫生要求

仓库的地板和墙壁表面应能承受重压，易于保持清洁，并能防油污、防潮湿。同时，全面的清洁卫生更是储存的基本要求。此外，仓库在任何时候都应保持良好的清洁卫生状态。应制定严格的综合卫生制度和管理规范。

注：烹饪原料储存卫生控制将在本教程第 5 章第 1 节学习单元 4 中专题讲述。

（4）储存设备要求

1）货架。对容易变质的原料来说，货架应有一定的高度，以便于空气循环。

2）容器。相应的原料需放在合适的容器中，以利于有效储存。

3）仓库其他设施如搬运工具、称量工具和工作台等，都应符合储存的不同要求。

能力要求

烹饪原料储存管理

一、干货原料的储存管理

干货原料的储存即指干货原料干藏储存，此类仓库为干藏仓库。所谓干货，从狭义上来讲，是指不含水分的或含水分很少的烹饪原料，如木耳、干香菇、鱿鱼干、香料等动植物性原料；广义上的干货，则泛指不易腐败、不需低温储存的烹饪原料。

通常植物性干货、调味品、食用油（液态油）和米面等烹饪原料都属于干货库储存。干货原料储存的有效条件为：

（1）干货库的温度应保持在 18～21℃。对大部分原料来说，若能保持在 10℃，其储存质量效果更好。

（2）干货库的相对湿度应保持在 50%～60%。如谷物类原料则可再低些，以防霉变。

（3）通风的好坏对干货库温、湿度有很大影响。按照标准，干货库的空气每小时应交换 4 次。

（4）仓库内照明，一般以每平方米 2～3 W 为宜。如有玻璃门窗，应尽量使用毛玻璃，以防止阳光的直接照射而影响原料质量。

（5）干货库应安装性能良好的测量工具，通过安装温度计和湿度计，以便定时检查原料库的温度、湿度，可有效防止库内温度和湿度超过许可范围。

（6）原料应整理分类，依次存放，保证每一种原料都有其固定位置，便于管理和使用。原料应放在货架上，保证原料至少离地面 25 cm，离墙壁 10 cm，以便于空气流通和清扫，并随时保持货架和地面的干净，防止污染。

（7）原料存放应远离自来水管道、热水管道和蒸汽管道，以防受潮和湿热霉变。

（8）入库原料须注明进货日期，以利于按照先进先出的原则进行发放并有效控制原料保质期，保证原料使用质量。

（9）干货库应定期进行清扫、消毒，预防和杜绝虫害、鼠害。

（10）塑料桶或罐装原料应带盖密封；箱装、袋装原料应放在带轮垫板上，以利于挪动和搬运。

（11）玻璃器皿盛装的原料应避免阳光直接照射。所有有毒及易污染的物品，包括杀虫剂、去污剂、洗涤剂以及清扫用具等，应避免放在烹饪原料干货库内。

（12）控制有权进入仓库的人员数量，外单位及职工私人物品一律不应存放在干货库内。

二、烹饪原料冷藏与冷冻储存管理

1. 冷藏储存

冷藏是在一定温度下保存烹饪原料的一种有效方法，但此法不会杀死微生物，仅是有效抑制其繁殖。冷藏温度越低，烹饪原料保藏越久。冷藏室温度一般控制在 0～10℃，在短时间内可阻止食品腐败。冷藏新鲜食品只是抑制食品腐败，并不能最终阻止烹饪原料腐败。冷藏的目的是减缓腐败速度。在－1～8℃，冷藏温度越低，微生物生长越慢。食品在冷藏前不能受到污染，这一点非常重要。

冷藏的原料既可以是蔬菜等农副产品原料，也可以是各类肉、禽、鱼、虾、蛋、乳、油脂类（固态油）以及已经加工的成品或半成品，如各种甜点、汤料、卤制品、锅心、面臊料等。原料冷藏储存的要领是：

（1）冷藏库的温度必须定时检查，温度计应安装在冷藏库明显的地方，如冷藏库门口。

（2）如果库内温度过低或过高都应调整，在制冷管外结冰达 0.5 cm 时，应考虑进行解冻，保证制冷系统发挥正常功能。

（3）厨房要制订妥善的原料领用计划，尽量减少开启冷藏库的次数，这样既节省能源又防止冷藏设备内温度变化过大。

（4）冷藏库内储藏的原料必须堆放有序，原料与原料之间应有足够的空隙。

（5）原料不能直接堆放在地面或紧靠墙壁，以使空气良好循环。

（6）易腐败的果蔬要每天检查，发现腐烂时要及时处理，并清洁原存放处。

（7）需冷藏的原料应尽快入库，尽量减少耽搁时间。

（8）对经过初加工的原料进行冷藏，应用保鲜纸包裹并装入合适的清洁盛器内，以防止污染和干耗。

（9）热食品冷藏应等凉冷后进行，盛放容器需经过消毒，并加盖存放，以防止干缩和沾染其他异味，加盖后要注意便于识别。

（10）冷藏设备的底部及靠近冷却管道的地方一般温度最低，这些地方尽可能存放奶制品、肉类、禽类和水产类原料。

（11）冷藏时应拆除鱼、肉、禽类等原料的原包装，以防止污染与病菌的进入。

（12）经过加工的食品如奶油、奶酪等，应连同原包装一起冷藏，以防发生干缩、变色等现象。

2. 冷冻储存

冷冻储存是指在极低温度下储存烹饪原料的储存方法。冷冻库的温度一般控制在－23～－18℃，在这种温度下，能有效抑制微生物的繁殖，以利于原料长时间储存。原料冷冻的速度越快越好，因为速冻之下，原料内部的冰结晶颗粒细小，不易损坏结构组织。原料冷冻储存的要领为：

（1）坚持冷冻原料在验收时处在冷冻状态的原则，避免将已解冻原料送入冷库。

（2）新鲜原料冻藏应先速冻，并应连同外包装放入，以防止干耗和表面受到污染。

（3）冷冻储存的原料，特别是肉类，应该用抗挥发性的材料包装，以免原料过多地丧失水分而造成冻伤，引起变质或变色。

（4）冷冻原料温度应保持在－18℃以下。温度越低，温差越小，原料储藏期及原料质量越能得到保证。

（5）冷冻原料一经解冻，一般不得再次冷冻储藏。

（6）冷冻原料不能直接放在地面或靠墙摆放，以免妨碍库内空气循环，影响储存质量。

（7）坚持先进先出的原则，所有原料必须注明入库日期及价格，并经常检查储存的原料，防止某些原料储存过久甚至过期，造成浪费。

（8）检查整理并保持冷冻库货架及各类原料存放整齐和清洁。

相关链接

不同类型烹饪原料储存的温度和湿度要求见表3—9。

表3—9　不同类型烹饪原料储存的温度和湿度要求

储存类型	储存原料	适用温度/℃	适用湿度/%
干藏库	干货原料	10～22	50～60
	米面杂粮类	10～29	
	蒸馏酒类	10～22	
	果酒类	10～22	
	啤酒类	10～22	
	果汁饮料类	10～22	

续表

储存类型	储存原料	适用温度/℃	适用湿度/%
冷藏库	新鲜家畜类	0～5	75～85
	新鲜水产、鱼类	−1～1	75～85
	新鲜家禽类	0～2	75～85
	乳制品类	0～2	75～85
	油脂和禽蛋类	0～2	75～85
	新鲜水果和蔬菜类	2～3	85～95
	各种熟食类	2～5	65～75
冷冻库	鱼类、肉类、水产类	−23～−18	

三、烹饪原料存货控制

烹饪原料储存管理的一个重要作用是有效实施对烹饪原料的存货控制。烹饪原料存货控制，须有效把握以下工作：

1. 储存过程管理目标与环节控制目标

（1）储存过程管理目标

1）保证各类烹饪原料的综合安全。

2）保证各类烹饪原料的综合质量。

3）保证原料在生产需要时能及时发放。

4）保证方便清查和落实烹饪原料储存的相关数据。

（2）储存环节控制目标

1）控制储存量，尽量减少资金占用。

2）妥善管理储存原料，做到账、物相符，把短缺和损失降到最低点。

3）严格收货与发货，以便原料使用部门按需使用。

4）关注收用原料，尽可能加快库存周转。

2. 零库存管理与订货管理

（1）零库存管理

零库存管理是降低餐饮成本的有效方法，是现代餐饮企业的经营理念和管理模式。用形象生动的说法形容它是“把原料库存建立在供货商和销售商之上”。零库存管理的模式是指餐饮企业为有效消除库存原料对餐饮企业的不利影响，通过不断改进自身的经营模式和管理技术，从而使企业的库存量不断下降，最终使企业基本上不需要通过库房储存原料，仍能保证正常经营的先进库房管理方法。实施零库存管理模式的基础条件是，有良好的市场供应环境和销售能力，能充分保证原料“既进得来，又出得去”。有效实施零库存管理的具体方法是，与烹饪原料供应商建立长期供应协议，并保证能及时供应。

（2）订货管理

烹饪原料订货主要来源于原料库提出的干货类采购申请和各厨房生产部门提出的每日市场采购申请。其管理的关键是：加强订货的计划性管理并做到按需订货，避免盲目进货。管理的方法是有效运用采购形式，即新采购（新决定的采购项目）和补仓采购（原料库存达到订购点时，仓库管理员将会对使用部门发出补仓的确定书），将原料库存量控制在一个最合适的水平线上；建立三家采购报价制度，即订购的所有资产类烹饪原料都应做到三家报价。同时，原料供货商投标报价时应盖章封好，在企业财务部、采购部和申购部门三方同时在场时打开，避免使用传真机或电子邮件传送报价投标。

3. 盘存管理

原料盘存管理即对库存的各类烹饪原料按一定的时期盘存点数（一般每月进行一次），以达到核实清点仓库存货，检查原料账面数字是否与实际储存数相符的工作目的。盘存管理是烹饪原料储存管理的有效措施。在特殊情况下或必要时，盘存清点可以随时进行。原料盘存清点一般由库管人员和财务人员共同完成。

常见的原料实物盘存方法有实地盘存法和永续盘存法两种。实地盘存法即对原料库现有各类原料进行定期清点，通常每月末进行；永续盘存法即对所有入库原料及发料保持连续记录，一般通过永续盘存表来完成。而账面盘存，即根据有关账、卡、物和出入库单据进行统计，核算出烹饪原料成本在仓库储存中的变化，其表现形式为仓库报表。

四、做好烹饪储存记录

1. 作用

（1）有助于及时了解存货的数量、金额。

（2）有助于了解库房货架上的食品原料与记录之间的差异情况，实现控制采购数量和质量的目的。

2. 做法

（1）遵循“先入库先记录”原则，某一货物入库时，即刻记录其名称、规格、单价、供应商名称、进货日期、订购单编号等。

（2）遵循“先入库先领用”原则，原料一旦被领用，即刻记录其领用部门、领用人、领用数量、结存数量等。

相关链接

ABC 分类法

ABC 分类法是一种物质库存管理工具。其基本原理是按原料的贵重程度或价格高低进行不同的控制和管理。ABC 分类法最早应用于商业企业，近年来在餐饮企业中广泛应用。ABC 分类即按原材料的贵重程度或价值（价格）高低，进行不同的分类控制管理。

餐饮企业把所有存货按其价值的贵重程度进行 ABC 分类，并进行相应的控制称为 ABC 分类法。如图 3—2 所示为 ABC 存货分类法，表 3—10 是食品原料 ABC 分类举例。

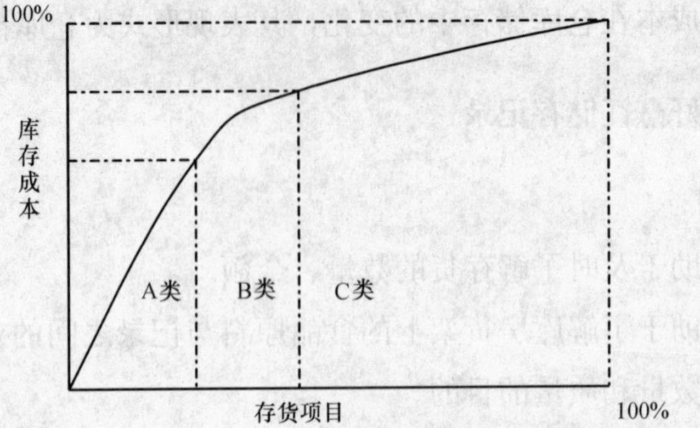

图 3—2　ABC存货分类法

表 3—10　**食品原料ABC分类举例**

存货分类	存货项目		存货成本	
	数量/kg	构成/%	金额/元	构成/%
A存货	28 000	12.67	256 000	64.08
B存货	41 000	18.55	85 000	21.28
C存货	152 000	68.78	58 500	14.64
合计	221 000	100	399 500	100

由图 3—2、表 3—10 可知，A类存货占整个存货项目的15%左右，但其成本却占整个库存成本的60%以上，企业档次越高，该比重还会越大。因此，属于A类的烹饪原料应该经常查点，预测需求，并决定好订货点，实施重点控制。

B类存货项目包括那些成本价格略低的烹饪原料。这类存货占所有存货项目的18%左右，成本占总成本的20%左右。

C类存货是指那些占存货项目的70%，而成本只占10%～20%的烹饪原料。对于这些烹饪原料，由于种类多价格低，可实施分类常规控制。

ABC 分类法的意义在于有效根据烹饪原料库存管理的重点，即只要能把握库存材料中重要的一小部分，就能控制存货价值的大部分。它对餐饮企业整个餐饮成本控制都有着较大的管理意义，餐饮企业应有效将此管理理念运用到餐饮成本控制的全过程中。

学习单元 4　烹饪原料发放管理

学习目标

- 熟悉烹饪原料发放管理的目的和原则。
- 能够学会烹饪原料发放的管理方法，进行烹饪原料发放管理。

知识要求

一、烹饪原料发放管理的目的

烹饪原料发放管理是烹饪原料管理的终端环节，其目的是：

（1）保证使用部门能及时、充分和合理地领用原料。

（2）有效控制原料使用部门的用料数量。

（3）正确记录原料使用部门的用料成本。

二、烹饪原料发放的原则

（1）任何烹饪原料的发放都必须履行完善的手续，并规定发放的时间，定时发放。

（2）发放应做到及时、准确，始终坚持先进先出的原则，按需发放。

（3）根据领用手续做好原料的发放记录和存货记录，正确计价。

能力要求

一、烹饪原料发放的方法

烹饪原料发放的方法主要有直拨原料发放和库存原料发放两种。

1. 直拨原料发放

直拨原料发放的主要是鲜活原料的发放。此类原料经验收合格后，直接发放至使用部门，其价格按当日进货价格记入当天原料成本账内。验收员在计算当日原料成本时只需从进货日报表的直接进货栏内抄录数据即可。

2. 库存原料发放

库存原料发放的是仓库发货，包括干货、冻品、调味品与粮油等。这些原料经验收合格后入库储存，在使用部门需要时从仓库领出，在领出当日转入当日原料成本账本。因此，对每次仓库原料发放都应有正确的记录，然后才能正确计算每一天的原料成本。

烹饪原料发放管理的重点是需要注意凭单发货，并切实加强领料单的管理。领料单是发货的原始凭证，领料单应正确记录仓库向各使用部门发放的原料数量和金额。领料单的作用首先是可以控制仓库的储存量；其次是核算各烹调部门的原料成本；最后是控制领料量。表 3—11为烹饪原料领料单。同时，在发放烹饪原料时还需准确计价，即原料从库房发出后，库管员有责任在领料单中列出各项原料的单价，计算出各项原料的金额，并汇总领取原料的总价值。

表 3—11 烹饪原料领料单

□干藏库 □冷冻库 □冷藏库

申领部门： 日期：

编号	需领数量	名称	规格	实发数量	单价	金额

发料部门： 发料人： 使用部门： 收料人：

注：一联——发料部门；二联——使用部门；三联——财务部门。

【案例 3—2】

某酒楼烹饪原料发放管理规范

1. 为规范本酒楼烹饪原料发放流程，节约成本，特制定本规范。

2. 本规范适用于所有烹饪原料的发放管理工作。

3. 领发原料须签名盖章，库房才予以发货。

（1）领货员填写烹饪原料领单并签名。

（2）领货单位负责人签字。

（3）仓库保管员签字。

（4）原料会计签字、盖章。

4. 领用烹饪原料，应提前做计划，并报库管部门准备。

5. 仓库管理人员按计划编排每天发货的顺序，并编制目录，准备物品，以便取货人领取。

6. 领货一般要求专人负责。

7. 领货员要填制烹饪原料领料单并签名，仓库管理人员凭单发货。

8. 领货单一式三份：领货单位自留一份，单位负责人凭单验收；仓库管理人员一份，凭单入账；材料会计一份，凭单记明细账。

9. 发货时仓库管理人员要注意物品先进的先发、后进的后发。

第 2 节　厨房设备与用具管理

学习单元 1　厨房设备管理

学习目标

- 熟悉厨房设备种类及其特点。
- 熟悉厨房设备的要求及其选购原则。
- 能够进行厨房设备日常维护管理。

知识要求

随着现代科学技术的发展，厨房设备不断更新换代，新设备、新工具层出不穷，功能更优，款式更新。厨房设备的发展既改善了厨房卫生条件，减轻了员工体力劳动强度，提高了工作效率，同时又促进了烹饪技术的发展。

厨房设备管理的目标是：规范厨房设备的使用操作行为，提高其设备利用率；规范员工日常工作行为，保证员工人身和财产安全。

一、厨房设备种类及特点

厨房设备多种多样，依据不同的分类标准有不同的类型。按厨房设备的功能标准，一般可将其分为烹调设备、机械加工设备、冷藏冷冻设备、通风设备和辅助设备 5 类。

1. **烹调设备**

烹调设备是区分不同风味流派厨房的标志性设备。中餐与西餐的风味流派不同，两种流派在烹调设备的选购上亦表现出两种不同的风格，可以根据烹调设备的不同，分辨中餐厨房、西餐厨房。同样，川菜与粤菜、鲁菜和淮扬菜的风味流派的区别，在烹调设备的选购上也有一定的差异。风味流派和饮食方式差异化越明显，厨房选购烹调设备的区别就越大。所以，烹调设备的种类表现出多样性，其功能就显现出复杂性的一面。

烹调设备是将菜点加热成熟的设备，是厨房设备组合中的主体设备。它的质量直接影响到菜点的加工和出品质量。烹调设备主要包括各式烹调炉灶、烤箱、蒸灶（蒸箱）、扒炉、微波炉、电磁炉等。

（1）中餐烹调设备

常见的中餐烹调设备有：

1）炉灶。炉灶是菜点烹调中加热的必要设备，是酒楼厨房的主要设备。根据功能和大小的不同可将其分为炒炉、煲仔炉、汤炉、炸炉等。

2）蒸灶（蒸箱）。蒸灶（蒸箱）一般包括蒸灶和蒸箱两种。

3）烤箱（烤炉）。烤箱（烤炉）规格型号较多，通常可以把烤箱分为常规式烤箱、对流式烤箱、旋转式烤箱、蒸烤两用箱柜和烤炉等。

（2）西餐烹调设备

常见的西餐烹调设备有：

1）扒炉。扒炉是西餐区别于中餐的标志设备。根据使用燃料的不同，可以将西餐扒炉分为燃气扒炉和电扒炉；根据加热炉面形状的不同，可以将其分为平扒和坑扒；根据功率大小的不同，又有大型扒炉和小型扒炉之分。

2）面火烤炉。面火烤炉又称为面火焗炉、上火扒炉。这是使菜点表面直接受热烘烤的加热设备，其特点是便于菜点表面上色。面火烤炉广泛应用于西餐焗制菜肴。

3）其他西餐烹调设备。其他西餐烹调设备包括平头炉连烤炉、发酵箱、热汤池、微波炉、电磁炉、电温藏箱，等等。

2. 机械加工设备

常见的机械加工设备包括切片机、绞肉机、和面机、搅拌机、锯骨机、粉碎机、擀面机和切面机、万能去皮机、桌面开酥机、双动搅拌机、制冰机、碎冰机等。

3. 冷藏冷冻设备

（1）小型冷库。小型冷库是用来冷藏冷冻烹饪原料的专用制冷设备，具有独立空间，并且空间较小。

（2）各类冰箱。厨房用冰箱主要为大型多门立式冷藏冷冻冰箱、双门立式冷藏冷冻冰箱、卧式冷冻冰箱以及与操作台连体的冷藏冷冻冰箱等。

4. 通风设备

常见的厨房通风设备主要指抽烟和送风设备。抽烟系统与送风系统是两个独立的系统。抽烟系统是每个厨房必须安装的，由抽烟罩、抽烟管道和抽烟电动机三个部分组成，用于工作中排出废气和油烟，其质量、效果的好坏会影响到员工的工作效率和身体健康。送风系统是由送风管道和送风电动机组成，用来将室外的新鲜空气输入厨房内，使厨房内空气清新。

5. 辅助设备

辅助设备包括各种磅秤、货架、货柜、工作台、调味车和卫生设备设施。其中，卫生设备设施包括洗碗机、消毒柜等。洗碗机分为单箱式、双箱式和组合式。消毒柜是来对餐具及用具杀菌消毒的设备。

二、厨房设备的要求

1. 卫生

卫生是对厨房设备最基本的要求。因为厨房设备是生产餐饮消费者饮食的菜品，必须符合有关标准，必须通过有关设备毒性试验的检验，必须是无味无毒，且易清洁、消毒、杀菌。

2. 具有较高的化学稳定性能和抗腐蚀性能

因为厨房生产过程中，大多设备处于高温辐射和热油等的环境下，与酸、碱、盐、油、蒸汽、热气等物质直接接触，这就要求厨房设备具有良好的化学性能和抗腐蚀性能，以确保其生产的菜品不损害营养成分，不对人体健康有害。

3. 具有较强的耐磨性能

厨房设备在烹饪过程中的机械磨损和热损都很突出，因此要求设备及其部件应有良好的耐磨性能。

三、厨房设备选购原则

厨房设备选购应把握以下几项原则：

1. 安全性原则

安全是厨房工作的前提，没有安全保障的厨房设备会给厨房生产工作带来极大的影响。因此，厨房设备的选购，要充分考虑所选择的厨房设备本身是否具备较高的安全质量，是否具备很高的操作安全性，是否与厨房工作环境相适合。

2. 高质量原则

高质量的厨房设备不但性能优越，而且故障率较低。因此，在厨房建设预算允许的前提下，应尽可能购买质量高、性价比好的设备，满足厨房生产的需要，提高厨房生产的效率。

3. 方便性原则

设备使用方便能够简化厨房工作的操作程序；反之，会给厨房工作增添麻烦，使工作效率降低。

4. 经济性原则

选择厨房设备要以厨房建设投资计划为前提，充分考虑满足厨房生产加工的实际需要。现代厨房设备虽然性能优良，但价格昂贵，远远超出了厨房建设投资费用，这样的厨房设备对餐饮企业来说是没有能力购买的。然而，有些厨房设备虽然价格便宜，性能也不错，但其维护维修和保养不方便，费用高，对这样的设备是否购买，需要慎重考虑。

5. **前瞻性原则**

现代厨房设备的选购一定要有时代概念，宜选择功能适当超前的设备，切不可配备已经落伍和行将淘汰的设备。另外，在选择厨房设备时，一定要有环境保护的意识，避免配备破坏环境的设备。

6. **节能性原则**

厨房设备应选择热效率高、能源利用率高、能量消耗低的设备，且设备的功率大小应根据厨房生产工作量确定。

能力要求

一、厨房设备使用与维护保养管理

许多餐饮企业厨房设备实行分级管理制度。一般情况是企业财务部门负责设备价值管理，工程部门负责设备维修管理，厨房或厨政部门负责设备的日常使用和维护保养管理。因此厨房设备使用与维护保养管理是厨政管理人员的工作职责和工作内容。

1. **管理原则**

（1）预防为主原则

厨房设备贯彻预防为主原则是实行使用与维护相结合，平时多检查，用时多留心，定期维护保养，强化专业保养和例行检查管理职能，维护设备完好率。切实避免用者不管、管者不查、用坏报修或再买的行为现象发生。

（2）责任管理原则

责任管理原则即厨房设备实行定岗责任管理，责任定到头，每种（台）设备都指定专人看护，检查、督促其使用、清洁和维护工作。厨政管理人员对其定岗责任的履行实行督导。

（3）追究责任原则

追究责任原则即实行设备损坏追求责任原则，对损坏的设备进行维修的同时，对其设备损坏的原因进行调查、分析。若设备系人为损害，应对当事人进行严格教育并实施其设备使用维护保养知识技能培训；若人为损坏情况严重，如严重违反操作规程、无视设备维护保养的，可追究当事人一定的赔偿责任。

2. 基本要求

厨房设备日常使用与维护保养管理的基本要求有4点：

（1）整齐

厨房非固定安装的设备须摆放整齐，设备的工具、附件等也应按规定摆放整齐。

（2）清洁

设备外表应保持清洁，有光泽，各滑动面无油渍，各部位不漏油、不漏水、不漏气、不漏电；设备周围场地清洁，不起灰，无积油，无积水，无杂物。

（3）安全

严格遵守设备安全技术规程和操作规程，防止人员和设备安全事故。

（4）完好

设备完好，能正常运行，发挥其功能效用。

3. 定期保养管理

厨房设备除需注意日常使用与维护保养外，还应实行定期保养管理。

（1）每班保养

设备每班保养管理主要是班前对设备进行检查，并按规定润滑加油；上班时按设备操作维护规程正确使用设备；下班前认真清洁设备及其周围场地。

（2）定期保养

通常情况下，厨房设备的定期保养由餐饮企业工程部维修人员进行。根据保养的工作内容及工作量，定期保养分为一级保养和二级保养。

二、建立厨房设备管理制度

厨房设备种类多，功能各有不同，要做到让厨房员工正确使用、保养和维护，应建立完善和切实可行的厨房设备管理制度。建立厨房设备管理制度必须做好以下 4 方面的工作：

1. 制定厨房设备操作规范和维护保养规范

要使厨房工作顺利开展，防范因为操作行为和方法不正确而造成的安全事故以及设备的损坏，必须建立形成一套完整的厨房设备操作规范。厨房设备的操作规范一般包括以下 4 方面的内容：一是设备使用前的检查工作；二是设备操作的基本程序；三是设备停机检查；四是安全操作注意事项。

2. 制定厨房设备维护保养规范

厨房设备运行是否正常，使用周期的长短，不仅与正确使用设备的方法有关，而且与设备平常的维护保养有着密切的关系。只注重设备的使用，不重视设备的维护保养，是造成设备常出故障和损坏的主要原因。因此，在进行厨房设备管理时，必须将使用与维护保养同等对待。厨房设备的维护保养规范包含的主要内容是设备的日常维护保养和设备的定期维护保养。

3. 明确厨房设备管理的责任人

厨房设备是根据厨房工作的需要而购置设立的，不同的岗位有不同的设备，有的厨房设备是专用的，有的是交叉使用的，为了防止厨房设备处于有人使用而无人保养维护的情况出现，必须确保厨房设备专人专岗保管和使用。

4. 建全厨房设备的维护保养体系

厨房设备种类多，功能各不一样，要对这些设备进行全方位的维护保养不是厨房工作人员能够达到的。厨房工作人员对设备的维护保养更多的是对设备的日常维护保养，而设备的定期维护保养则需要专业技术人员来处理，才能够保证这些设备达到一个良好的工作状态。另外，要规定厨房设备的报修渠道，及时对有问题的厨房设备进行专业维修。

学习单元 2 厨房用具管理

学习目标

➢熟悉厨房用具种类和特点。

➢能够进行厨房用具管理。

知识要求

一、中餐厨房用具种类及特点

1. 刀具

刀具是厨房中主要的用具。中餐刀具和西餐刀具区别较大。中餐刀具一般分为切刀、片刀、砍刀和其他刀具 4 类。

2. 菜墩

菜墩又称为“墩子”“砧板”，是刀工操作的衬垫工具。菜墩是用木质坚实、细致、质地弹性较好的木料制成的木墩。除了圆木以外，加工压制的木菜板、竹菜板、塑胶菜板在厨房中也大量使用。

3. 烹调用具

烹调用具包括炉具、灶具以及相关工具和器皿。常见的烹调用具有铁锅、炒勺、手勺、漏勺、网筛、调味缸、煲仔、汤桶、铝锅、煎锅、不锈钢锅、砂锅等。

4. **面点工具**

常见的面点工具有面案、面棍、模子、印子、花钳、刮片、油刷、计量器具、面粉筛、竹排等。

5. **餐具**

餐具包括用具和器皿等。餐具的形状、规格众多，制作餐具的材质也十分丰富。按制作材料可将餐具分为陶器、青铜器、象骨器、竹制器、木制器、漆制器、石制器、金制器、银制器、瓷器等。按器形可将餐具分为碗形、盘形、杯形、异形等。

能力要求

建立厨房用具管理制度

厨房用具的要求、选购原则等参照厨房设备的要求和选购原则。厨房用具管理重在建立和施行其管理制度。案例 3—3 是厨房用具管理制度的一种模式，厨政管理人员可参照此模式，结合自身企业厨房实际，建立厨房用具管理制度，有效实施厨房用具管理。

【案例 3—3】

某酒楼厨房用具管理制度

1. 厨房所有用具一律按规范标准操作，文明操作，规范管理。

2. 遵守厨房用具使用与维护保养制度。

3. 厨房内凡个人使用的用具（工具）概由本人使用、维护和保管。

4. 厨房内凡共用用具要正常使用，注意维护保养，使用后要放回原位，不得擅自改变其位置。

5. 厨房内一切用具、餐具应轻拿轻放，避免人为损坏。

6. 厨房内一切用具、餐具不准私自带出。

7. 厨房内用具使用人有责任对其进行维护保养，若因不遵守操作规程和厨房纪律等个人责任造成的用具损坏或丢失，责任人负有一定赔偿责任。

8. 厨房用具更新，应办理相关手续。

思　考　题

1. 烹饪原料采购的原则和方式是什么?
2. 绘制烹饪原料采购流程图，并作相关描述。
3. 烹饪原料采购标准控制有哪些内容?
4. 烹饪原料验收体系包括哪些内容? 验收的方法和程序是什么?
5. 烹饪原料验收的关键是什么?
6. 烹饪原料储存的关键是什么?
7. 干货原料储存要注意哪些问题?
8. 冷藏储存和冷冻储存的要点各是什么?
9. 零库存管理的意义是什么?
10. 为什么要加强储存控制? 怎样控制合理的储存量?
11. 烹饪原料发放管理的目的、原则和方法是什么?
12. 简述常见的厨房设备、用具的类型及其特点。
13. 怎样进行厨房设备和用具管理?
14. 在选购厨房设备与用具时应遵循哪些基本原则?

第4章

厨房生产成本控制

21世纪，随着餐饮服务业的又好又快发展，行业竞争日益激烈。面对激烈的行业竞争，现代餐饮企业的生存、发展和获利，必须在确保菜品质量的基础上进行更科学、更严格和更精细的成本控制、核算与管理，以在激烈的餐饮市场竞争中立于不败之地。

厨房生产成本控制是餐饮企业成本控制的重要组成部分，对于餐饮企业经营发展具有重要作用。

第1节 餐饮成本控制概述

学习单元1 餐饮成本及餐饮价格

学习目标

➢了解餐饮成本的概念。

➢熟悉餐饮产品价格构成关系。

➢了解餐饮产品定价知识。

知识要求

一、餐饮成本的概念

1. 成本的概念

成本是商品经济的价值范畴，是商品经济的重要组成部分。人们要进行生产经营活动或达到一定的目的，就必须耗费一定的人力、物力、财力和信息资源，其所耗资源的货币表现及其对象一般称为成本。通俗地讲，成本是生产、销售和维护某一产品所耗费的全部费用。

2. 餐饮成本的概念

从广义上讲，餐饮成本包括了生产和销售餐饮产品所耗费的全部费用，如原料成本、人力成本、燃料成本、低值易耗品成本、固定资产折旧费等。餐饮成本是餐饮销售额减去利润后的所有支出，它不仅包括了餐饮经营的各项成本和费用，还包括了由于管理疏漏和观念陈旧而造成的利润损失。餐饮业基于行业特点，其成本及其划分具有独特的内容，因此，出现了餐饮企业全部成本、餐饮服务成本、餐饮人力成本、餐饮菜点成本、餐饮费用等系列相关概念。

餐饮全部成本是餐饮产品定价的依据，但是除了食品原材料以外，其他成本很难在销售价格中逐一精确地分摊与划分，因此，餐饮业的菜点成本一般特指烹饪原材料成本，其他围绕整个营运的耗费统称为费用。餐饮费用是餐饮成本概念及其内涵的重要组成部分。

食品原料成本是确立餐饮产品销售价格的基数。目前，有的企业也有将燃料成本划归餐饮成本，这对于火锅业态的餐饮成本计算尤为适用。但以整个成本的部分要素作为基数，并以此作为计算销售价格的依据，其本质是一致的。

把握餐饮成本的内涵，须正确认识餐饮产品价格的构成，以此把握餐饮业成本的构成，这是餐饮管理者正确与有效进行餐饮成本核计、控制与管理的基础。

二、餐饮成本的几个相关概念

1. 直接成本与间接成本

（1）直接成本

直接成本即在产品生产中直接耗用、不需分摊便可加入产品成本中去的那部分成本，如菜品生产的烹饪原料支出、直接人工费用等。

（2）间接成本

间接成本即需要通过分摊才能加入产品成本中去的各种耗费，如营销费用、管理费用、设施设备维修费用等。

直接成本与间接成本是按成本与产品的形成关系来划分的。

2. 固定成本、变动成本和半变动成本

（1）固定成本

固定成本是指不随产品销售量的变动而变动的成本，如固定员工的工资、设施设备折旧费等，均属固定成本。

（2）变动成本

变动成本是指随产品销售量变动而成正比例变动的相应成本，如菜点成本、酒水成本和洗涤费用等。

（3）半变动成本

半变动成本是指随着产品销售量的变动而部分相应变动的成本，它与销售量不完全成比例发生变动。半变动成本由固定的和变动的两部分组成，如人工总成本、水电气费等。

固定成本、变动成本、半变动成本是从餐饮成本性质的角度进行分类的。

3. 可控成本和不可控成本

（1）可控成本

可控成本是指在短期内可改变数额大小的成本。变动成本一般是可

控成本，如通过改变菜单的分量和构成成分来改变菜点的制作成本；通过增减员工来控制人工成本，或在原料的采购、验收、储存、发放、生产、销售和服务等环节加强控制，则菜点成本也会发生变化。有些固定成本、多数半变动成本也可成为可控成本，如广告营销费用、设施设备修理费和管理费都是可控成本。

（2）不可控成本

不可控成本指在短期内或餐饮管理人员通过管理而无法改变的成本。固定成本一般是不可控成本。例如，房屋租金、设备折旧和资金利息等都是无法立即改变数额大小的不可控成本。

可控成本和不可控成本是从餐饮成本控制与管理的角度进行分类的。

三、餐饮产品价格

1. 餐饮产品价格的构成

任何产品的价格都是以其价值为主要依据来制定的。餐饮产品的价值包括三个组成部分：一是生产资料转移的价值，即生产设施设备、服务设施设备、餐具用具、餐器用品等的折旧和食品原料、水电气等耗用的价值；二是劳动力价值，即以工资、劳保福利和奖金等形式支付给管理人员、生产技术人员等劳动者的报酬；三是积累部分，即以税金和利润的形式向国家和企业所提供的公共积累和再生产资金积累。

2. 餐饮产品价格构成的关系

餐饮产品的价格构成，在餐饮企业经营管理中与其价值是相适应的：在其综合价值向餐饮价格的转化过程中，食品原料价值转化为产品直接成本（即制作菜点的烹饪原料支出、各种成品酒水的购入支出、自制酒水的原料支出）；生产加工和销售服务过程中的设施设备、餐具用具、餐器用品、水电气消耗、工资及其附加值等转化为经营费用（包括营业、管理与财务费用等）、税金；剩余部分为利润。产品直接成本和经营费用构成餐饮企业的经营成本，餐饮经营成本加上税金形成餐饮经营的全部成本（广义上的餐饮成本）。在餐饮核算中，餐饮价格减去产品直接成本部分的余额，形成餐饮企业经营的毛利润，亦即毛利；餐饮价格扣除经营成本和税金之后的剩余部分，形成餐饮企业经营的净利润。由此可见，餐饮产品的价格是由直接成本、经营费用、税金和利润4个部分构成，如图4—1所示。

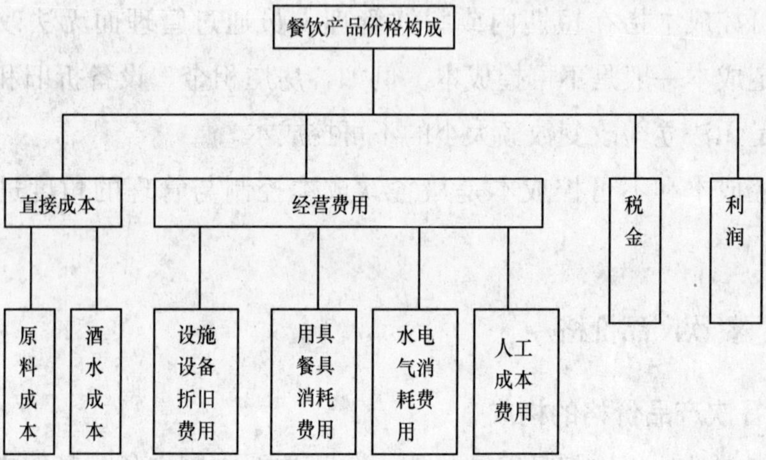

图4—1　餐饮产品价格构成示意图

图4—1用公式可表示为：

餐饮产品价格＝直接成本＋经营费用＋税金＋利润

其中：直接成本＝菜点原料成本＋酒水成本；

在餐饮经营过程中，人们习惯将价格结构中的经营费用、税金和利润称为毛利，因此餐饮产品的价格又可表示为：

餐饮产品价格＝直接成本＋毛利

如菜肴价格＝原料成本＋毛利。其中，毛利润＝经营费用＋税金＋利润。餐饮产品的价格构成及其各部分之间的构成相互关系见表4—1。

表 4—1　　餐饮产品价格构成关系

<table>
<tr><td colspan="7">销售价格</td></tr>
<tr><td colspan="4">直接成本</td><td colspan="3">毛利</td></tr>
<tr><td colspan="2">菜点成本</td><td colspan="2">酒水成本</td><td rowspan="3">经营费用</td><td rowspan="3">税金</td><td rowspan="3">利润</td></tr>
<tr><td>菜肴成本</td><td>点心成本</td><td rowspan="2">成品酒水成本（进价）</td><td rowspan="2">自制酒水成本</td></tr>
<tr><td>主、辅、调料成本</td><td>主、辅、调料成本</td></tr>
</table>

相关链接

餐饮产品定价

一、餐饮产品定价原则

从餐饮产品价格构成的上述分析可以看出，涉及具体餐饮品种定价时，必须从品种的原料成本和毛利的角度加以充分考虑，并明确餐饮毛利是餐饮企业经营运作活动中非常重要的一个财务指标，企业需拟定合理的、符合市场定位的毛利率（毛利与原料成本或销售价格间的比率），并通过控制毛利率的指标使企业获得理想的纯利润。毛利率的意义在于补偿餐饮成本和获取利润。毛利率的高低直接影响利润。

餐饮产品价格作为餐饮全部产品价值的货币表现形式，除包括占较大比重的食品原料成本外，还包括其经营费用、税金和一定的利润。一个餐饮企业要扩大经营和持续发展，在餐饮产品销售中所获得的收入，不仅要使原料成本得到补偿，还要有效补偿经营费用，并向国家缴纳税金和取得一定的利润。因而在实施餐饮产品定价时，要在食品原料成本的基础上，加上合理的毛利率，并通过经营管理控制以获得合理、稳定、理想的利润，从而形成餐饮产品价格的最高经济界限。这是餐饮企业最基本的定价原理，也是餐饮企业有效进行成本控制、核算和管理的目标之一和工作落脚点。

最大限度地获取合理的利润是餐饮企业经营管理的重要目标。

二、餐饮产品定价的基本方法

1. 毛利率定价法

以利润为中心的定价思路，主要采用毛利率定价法。由于毛利率有销售毛利率（内扣毛利率）和成本毛利率（外加毛利率）两种形式，因此，毛利率定价有两种不同的方法。

（1）销售毛利率法

销售毛利率法也称内扣法，即根据产品的原材料成本和销售毛利率来计算餐饮产品的销售价格。计算公式如下：

价格＝原材料成本÷（1－销售毛利率）

例如，某特色菜品原材料成本计 18 元，企业对该菜品制定的销售毛利率为 45％，则该菜品的售价应为：

价格＝原材料成本÷（1－销售毛利率）＝18÷（1－45％）
＝33（元）

（2）外加毛利率法

外加毛利率法也称外加法，即根据产品的原材料成本和成本毛利率来计算餐饮产品的销售价格。计算公式如下：

价格＝原材料成本×（1＋成本毛利率）

例如，某风味菜肴的成本毛利率为 65％，其原材料耗用成本为 19 元，则该菜肴的售价应为：

价格＝原材料成本×（1＋成本毛利率）＝19×（1＋65％）
＝31（元）

需要说明的是，以上两例所计算出的菜肴价格仅为理论售价，或为参考价格，具体实施菜单定价时，还要根据该品种的风味特色及促销因素，确定品种的实际售价。此外，现行餐饮企业在实施毛利率定价时，由于财务核算中的很多指标计算都是以售价为基础，因此，多数餐饮企业基本采用内扣法进行菜单定价。内扣法和外加法可以相互换算，换算公式为：

销售毛利率＝［成本利率÷（1＋成本利率）］×100％

成本毛利率＝［销售利率÷（1－销售利率）］×100％

内扣法和外加法定价，其参照和比较的基础不同，因此，如果某菜肴或点心的售价和原料成本相同，成本毛利率则大于销售毛利率，在此情况下，用两种方法分别计算的销售价是一致的。

2. 成本导向定价法

成本导向定价法，主要指餐饮企业以餐饮产品的成本为中心，再加上一定的利润和税金而形成的定价法。成本导向定价法普遍适用于我国餐饮企业。在现阶段，它是一种最基本和运用得最多的定价法。成本导向定价法的具体定价方法有：

（1）成本加成定价法

成本加成定价法即在产品成本的基础上再加上一定的百分比进行定价（加价率）。不同档次餐饮企业采用不同的加价率，档次越高，产品综合成本越高，加价率相对越高。基本计算方法是：

价格＝成本×（1＋加价率）

运用此方法时要注意有效控制产品加价的幅度。

（2）毛利加合定价法

毛利加合定价法即在产品成本额的基础上加上一定额的毛利作为售价。毛利额的计算可据销售历史记录数据预测而得。计算公式为：

$$毛利额=\frac{预测的销售总收入-原料成本总额}{预测的菜点销售份数}$$

此方法的优点是使餐饮企业重视产品的毛利而不是毛利率。由于毛利和毛利率在反映产品赢利能力上是不同的，因而很多企业喜欢用毛利率来表示一个菜肴的赢利能力强，而在实际中有时毛利率高的产品，未必能带来较高的利润。假如一个菜品的售价较低，即使它有较高的毛利率，它的毛利额也不会高，而另一个毛利率并不算高的菜品，由于它的价格较高，却能获得较高的毛利额，因为最终决定企业经营利润的是各个菜点的毛利额（前面所述毛利率的局限性也能说明此点，见表 4—2）。因此，在对产品进行定价销售分析时，毛利额可能比毛利率更能反映其赢利能力。

表 4—2　　毛利率和毛利的比较

菜品	毛利率/%	单价/元	毛利额/元
A	50	200	100
B	70	100	70

（3）主要成本率法

主要成本率法是在定价时把产品的原材料成本和直接人力成本作为主要依据，再结合利润等其他因素，进行综合计算。计算方法为：

$$价格=\frac{原材料成本+直接人力成本}{1-非原材料和直接人力成本率-利润率}$$

注：餐饮成本率＝（原材料成本额/营业收入）×100%；

餐饮成本率=1-餐饮毛利率；餐饮成本率+餐饮毛利率=100%。

此法要求在菜单定价时，将人力成本直接列入定价范畴进行全面核计。这说明如果人力成本较低，产品售价则相对趋于合理。

(4) 成本系数定价法

成本系数定价法是指餐饮企业在调整菜单相应品种价格时，根据这些品种加工制作的难易程度（深度制作、中度制作、轻度制作），在其标准原料成本基础上，有效估计其加成百分比，并以一定的方法确定其相应的成本系数，进而计算售价的一种定价法。使用此法的目的是使菜肴价格间出现一定的差异，这样既可满足不同层次消费者的需求，又有利于参与市场竞争。成本系数定价法的计算步骤为：

1）计算品种标准原料成本。

2）估计品种标准原料成本的加成百分比。

3）计算成本系数，用 100%除以成本加成百分比。

4）计算售价，用品种标准原料成本乘以系数。

例如，某风味热菜标准原料成本为 6.68 元，根据其加工难易程度，确定的成本加工百分比为 45%，故该菜肴的成本系数为 100%÷45%=2.2。该菜肴的价格应为 6.68×2.2=14.7 元。此例若已知该菜肴的售价，要确定其成本系数，可用售价除以标准原料成本，即 14.7÷6.68=2.2。

使用该方法的注意事项是：①菜品的成本系数是该菜成本率的倒数，如上例的成本系数是 2.2 意味着该菜肴的成本率为 45%；②定价时，要合理估计品种成本的加成百分比，加成百分比越高，价格就越低；③菜单调价时只需用新的成本直接乘以不变的成本系数即可；④原料成本额和品种成本率是该法的两个关键数据，通过成本率即可算出品种的成本系数。

（5）本、量、利分析分类加价法

1）根据成本和销量将菜单上的菜品进行分类。即确定高成本、高销售量，低成本、高销售量，高成本、低销售量，低成本、低销售量4种类型。

2）确定菜品的不同加价率。高成本的菜品加价率较低；销量大的菜品可适度加价；而低成本的菜品可适度提高其加价率；滞销的菜品和点心可采用高加价率。

3）计算菜肴食品成本率。计算公式为：

菜肴食品成本率＝1－（营业费用率＋菜肴加价率）

4）计算菜品价格。计算公式为：

菜品价格＝食品成本÷菜品食品成本率

计算中的菜品食品成本为菜品的原料成本；营业费用率指预算期内营业费用总额占营业收入总额的百分比。运用此法需要注意：①菜品的加价率，是要确定的重要参数；②由于不同类型的菜品使用不同的加价率，因此利润率的高低会有所不同；③要综合考虑消费者的需求、企业经营成本和利润间的关系；④要切实依据成本越大，毛利量应该越大；销售量越大，毛利量可能越小这一原理进行定价；⑤要有效进行销售分析，制定合理的加价率。

例如，某企业在预算期内的营业费用率为48%，销售某菜肴的标准原料成本为6.28元，加价率为22%，其销售价格应为多少元？

计算该菜肴食品成本率，即食品成本率＝1－（48%＋22%）＝30%。

计算售价，即售价＝6.28÷30％＝21（元）。

3. 比较参考定价法

比较参考定价法是一种以市场竞争为中心而确定的定价法。定价时一般以同类型、同规模、同档次餐饮企业的价格作为定价的主要依据。具体方法是：制定餐饮产品价格时，主要以竞争对手的总体价格水平为参考值，并与同类竞争产品的价格保持基本一致。这是一种体现按同行价格决定企业自己价格，以保证合理效益且避免风险的价格策略。使用此方法定价时，须注意用餐饮企业成功的菜单作为定价参考，避免将不成功的菜单范例引用于本企业的餐饮经营中。

学习单元 2　餐饮成本控制

学习目标

➢熟悉餐饮成本控制的概念、原理、对象、原则和定量指标。

➢了解餐饮成本控制目前存在的问题。

知识要求

一、餐饮成本控制的概念、原理、对象、原则和定量指标

1. 餐饮成本控制的概念

餐饮成本控制是餐饮企业围绕经营目标与定位，由企业成本控制的各主体（餐厅、厨房、财务、采供、人事、销售等部门）在其职权范围

内，在各营运（生产、销售、服务）耗费发生前、中、后，对影响成本的因素和条件采取的一系列预防、调节和评价等措施，以达目标实现的管理行为。

2. 餐饮成本控制的原理

餐饮成本控制的过程是运用系统工程（系统理论）的原理，对餐饮企业在生产经营过程中所发生的各种支出与耗费进行计算、监督和调节的过程，同时也是发现问题、挖掘潜力、寻求一切可能降低成本途径的过程。餐饮企业绩效的成本控制是以抓好产品质量、工作质量和管理质量为前提和保障的。

3. 餐饮成本控制的对象

餐饮成本控制的对象即餐饮企业在营运中发生成本的全过程，包括经营计划、营销设计、菜单设计、采购验收、物流配送、加工生产、销售服务、客户关系维护和后勤保障等全过程。新建餐饮企业开业筹划的过程也是餐饮成本控制的对象。

4. 餐饮成本控制的原则

餐饮成本控制的原则即“三全，一多”的原则。“三全”指餐饮成本事前、事中和事后控制的全过程控制原则，全面控制（全方位控制）原则和全员参与原则。“一多”是多方法的原则。

5. 餐饮成本控制的定量指标

餐饮成本控制定量指标指事先设置合理可行的成本定量、定性、定点指标（叫标准值，也叫标准成本，或说是定量指标），再在生产加工及全部营运中不断收集实际发生的数据（叫实际值，也可叫实际成本），计算出偏差（计算公式为：偏差＝标准值－实际值），然后通过分析，得出餐饮成本控制评价结果，再根据实际情况进行处理。

二、餐饮成本控制目前存在的问题

1. 成本意识淡薄

长期以来，餐饮企业员工，包括厨房员工，普遍缺乏成本意识，对企业成本管理认识上存在误区，认为成本控制、核算与管理是企业财务部门和少数管理人员的事，是管理者的事。对于哪些成本应该控制，怎样控制，控制的效果如何等问题，他们不过问，也不关心。

2. 控制内容片面

成本管理的内容包括成本预测、成本决策、成本规划（含预算）、成本控制、成本核算、成本分析和考核。其中，成本预测、成本决策和成本规划是事前管理；标准与实际成本控制是事中管理；成本核算、成本分析和考核是事后管理。但是很多餐饮企业在实施成本管理中，比较偏重于事后管理。对事中管理，特别是事前管理往往不够重视，不能达到真正的保证质量、确保效益和降低成本的目的。

3. 管理观念落后

企业成本管理的目标是最大限度地减少支出、降低成本。因而不少餐饮企业常常为了减少支出，孤立地降低成本，且降低成本的手段也主要依靠节约，较少从效益角度看成本的效用，未能应用成本—效益权衡原则；同时，企业成本管理侧重于企业的短期经济效益，忽视了竞争战略的实现与核心竞争力的培育，使得企业的战略无法获得在成本管理方面的支持，因而难以适应竞争日益激烈的市场经济环境。

4. 忽视行业竞争

企业成本管理理念建立在卖方市场基础上，仅就成本论成本，强调的是降低成本和提高生产率来满足市场的需求，而忽视了竞争对手的存在。要在激烈的竞争环境中生存和发展，就必须分析企业自身与竞争对手的成本情况，并模拟计算出竞争对手的各项成本指标，找出自身与对手的成本差异。

5. 忽视成本动因

企业成本管理往往将产品数量作为主要的成本动因，只重视企业生产过程中的成本控制与节约，并以降低直接材料费用、直接人工费和生产费用作为成本管理的主要手段，而忽视了企业的产品研发、设计、市场开拓与客户关系处理等活动对企业成本的影响，从而未能考虑诸如企业的规模、资源的整合情况、地理位置、加工生产线的布局规划、企业的管理制度和成本文化等客观的、无形的成本动因，对于企业外部价值链关系更是视而不见。

6. **管理制度滞后**

坚持责权利相结合的原则，是促进企业成本管理工作健康发展的动力。而不少餐饮企业成本管理在成本责任方面，仍存在着“大锅饭”现象，没有形成一套责任预算、责任核算、责任分析和责任考核密切结合的管理体系。

第 2 节　烹饪原料及生产过程成本控制

学习单元 1　厨房生产成本控制概述

学习目标

➢ 熟悉厨房生产成本的构成。

➢ 熟悉厨房生产成本控制的意义。

➢ 掌握厨房生产成本控制的内容。

➢ 掌握厨房生产成本控制流程。

知识要求

一、厨房生产成本的构成

厨房生产成本由烹饪原料成本、人工成本和经营费用 3 部分组成。其中烹饪原料成本是其主要组成部分。

1. 烹饪原料成本

餐饮产品（菜品）成本在生产过程中以烹饪原料成本为主。烹饪原料包括主料、配料和调料 3 种。主料，顾名思义是餐饮产品中的主要原料，一般成本份额较大，乃至有的菜品以主料名称而命名。如宫保鸡丁中以其主料鸡肉命名，泡椒牛蛙中以其主料牛蛙命名，水煮牛肉等以其主料牛肉命名等。配料指餐饮产品中的辅助原料，如宫保鸡丁中的酥花仁，泡椒牛蛙中的泡椒，水煮牛肉中的蒜苗、芹菜、莴笋尖等。辅料成本份额相对较小；调料即起色、香、味调节作用的菜品中的辅助原料，如宫保鸡丁中食盐、料酒、酱油、醋、白糖、味精、水淀粉、干辣椒、花椒、姜片、葱丁、蒜片等。调料成本相对份额也较小。由此可见，烹饪原料成本主要由主料成本、配料成本和调料成本 3 部分构成。

2. 人工成本

人工成本指参与厨房产品生产的全体员工和管理人员的工资、福利、劳保、服装和员工餐等费用。目前餐饮企业中人工成本占营业额的 15%～20%。

3. 经营费用

经营费用通常指烹饪原料与人工成本之外的成本，它包括房屋租金（或折旧费用）、设施设备折旧费、餐具用具及低值易耗品费、水电气（燃料）费及清洁费等。

二、厨房生产成本控制的意义

厨房生产成本是餐饮经营成本最重要的一部分，在餐饮成本中占有较大的份额。厨房生产成本控制是餐饮企业经营管理的重要组成部分，搞好厨房生产成本控制对于餐饮企业经营与发展具有重要意义。

1. 是合理的菜单定价的基础

菜单定价是企业市场竞争力的重要因素之一。在相同的产品质量标准与就餐环境条件下，合理的菜单定价会赢得市场先机，赢得顾客的青睐。菜单合理定价的基础，是厨房生产成本的有效控制，把厨房生产成本控制降到最佳状态，给菜单定价创造空间，以菜单定价赢得市场。

2. 有利于提高企业市场竞争力

餐饮经营最终是要以盈利为目的。厨房生产成本的高低，直接影响企业的利润。如果厨房生产成本控制好了，会在不减少原有原料配份标准、保证菜品质量的前提下，降低其生产成本，为企业创造更大的利润空间，保证赢利的最大化。企业有了厚实的利润积累，市场竞争力就会由此提升，从而能够在激烈的市场竞争态势下立于不败之地。

3. 是餐饮企业经营成功的关键

厨房生产成本的有效控制，能够保证菜肴配份及菜量的稳定，致使菜品价格与菜品销售价格相宜相符，货真价实，诚信顾客。诚信是餐饮经营的生命。从厨政视觉讲，诚信源于菜品优质价良，源于厨房生产成本的有效控制，是餐饮企业经营成本的关键。

4. 是餐饮企业兴旺发展的基础

餐饮企业的发展，必须依赖其餐饮客源市场的开拓扩大，人气财气相辅相成。若厨房生产成本控制得好，会在菜品不涨价，菜品质量有保证、服务优良的情况下，稳定老客源，扩大新客源，人兴财旺。餐饮企业随着客源市场的扩大，进餐客人日益增加，将会蓬勃发展，红火兴隆好多年。因此，厨房生产成本的有效控制是餐饮企业兴旺发展的基础。

三、厨房生产成本控制的内容

厨房生产控制的主要内容有烹饪原料成本控制，生产过程成本控制即加工烹调、人工成本控制和其他成本控制等 4 个方面。或者说厨房生产成本控制分为 3 个阶段过程控制：生产前成本控制、生产中成本控制、生产后成本控制。

生产前成本控制主要是烹饪原料采购成本、库房成本控制、人工成本控制和生产费用成本控制；生产中成本控制主要是原料初加工成本控制、配菜成本控制和烹调过程成本控制；生产后成本控制主要是生产成本核算与分析，找准成本控制存在的问题，采取相应措施，及时调整或纠正，降低成本，实现赢利。

四、厨房生产成本控制流程

厨房生产成本控制主要按以下流程进行：

1. 成本预测

根据上期销售量和预订量，以此信息为准来预测成本。

2. 原料出库率成本控制

这一步的重点是出库手续的完善。

3. 原料初加工成本控制

这一步的重点是做好准备工作和制定加工方法规范，控制其净料率。

4. 切配程序控制

这一步主要实行菜品投料用料控制。

5. 烹调成本控制

这一步主要实行规范操作管理，避免操作不当造成的损失。

6. 出菜管理

出菜时菜品要标识清楚，避免拿错、丢失等。

7. 盘点

盘点要制度化、标准化，要有日报分析表。

学习单元 2 烹饪原料采购成本控制

学习目标

➢了解烹饪原料采购成本的概念。
➢能够进行烹饪原料采购成本控制。

知识要求

烹饪原料采购成本的概念

烹饪原料采购成本指餐饮企业厨房围绕加工生产菜点所需的原料，依据不同的采购方式，在计划和实施该项工作中所产生的全部直接成本和费用。烹饪原料采购成本包括烹饪原料采购前、采购中和采购后产生的直接成本（原料进价）与相关费用。烹饪原料采购成本主要分为预算成本（目标成本）和实际成本。

烹饪原料采购成本由采购价、运杂费、合理损耗、挑选整理费等构成，其计算公式为：

烹饪原料采购成本＝购买价（进价成本）＋运杂费＋合理损耗＋挑选整理费等。

能力要求

烹饪原料采购成本可主要从 4 个方面进行控制：一是采购数量控制；二是采购质量控制；三是采购价格控制；四是采购程序规范控制。

1. 采购数量控制

（1）量用订购

量用订购是根据厨房生产实际需用量控制采购数量。这种采购数量控制方法，比较适用于质量不易控制、数量变化大的烹饪原料，如水产海鲜、鲜肉鲜禽、鲜蛋及易变质的蔬菜等。量用订购须注意的是各个厨房或中心加工厨房应有一定的保险存量。

（2）最低储量采购

量低储量采购是当库存的烹饪原料已到最低储量时，再根据具体情况实行采购。这种采购数量控制方法，比较适用于储藏性能良好、质量相对稳定、数量变化不大的烹饪原料，如粮油制品、干货制品、调味品等。最低储量采购通常预先与其供应商签订采购合同。采购合同应主要包括原料名称、数量、质量、供货时间、违约责任等内容。

（3）即时采购

有的烹饪原料价格偏高，使用频率较低或极不易储存，所需用量又较少的，应实施即时采购，这样既能确保供应，又不致积压而腐败变质，有效地控制了采购成本。另外，有的成品原料不需加工或稍许加工即可上桌的，如豆浆，也可即时采购。即时采购具有采购速度快、时间短、数量易控制的特点，是一种无库存的采购数量控制。

（4）烹饪原料库房订货数量控制

原料库订货可根据不同原料品种储存定额来决定所需采购数量，即确定各种原料的最高和最低库存量，用采购来调节库存量的平衡。

例如，假定某餐饮企业采购的 A 类罐头情况如下：采购单位（箱）为 24 听/箱；每天使用量为 8 听；采购周期为 15 天；采购周期内使用量为 8×15 ＝120 听，即 5 箱；订货到入库时间为 3 天；订货到入库期间使用量为 8×3＝24 听，即 1 箱；库存安全系数为 8×3＝24 听，即 1 箱。

由此可得出：

最底库存量＝订货到入库期间使用量＋库存安全系数，即 1＋1 ＝2 箱，计 48 听；

最高库存量＝采购周期内使用量＋库存安全系数，即 5＋1 ＝6 箱，计 144 听。

所以在库存量达到最低库存量的时候，就要确定采购数量。首先清点库存数量，然后从清点的库存量中减去最低库存量。

如：现有库存量 3 箱减去最低库存量 2 箱，即为 1 箱。

应采购量为采购周期内使用量减去超过最低库存量的数量，即 5－1＝4 箱，计 96 听。

在确定库存原料采购数量时，还需有效考虑菜点的销售情况、设备承受能力和条件、市场供应状况、交通运输问题和订货成本等因素。

（5）鲜活烹饪原料订货数量控制

鲜活烹饪原料一般不作为库存原料，厨房应根据生产情况每日或隔日提出“日采购申请”。实施的基本方法为，列出所需订货原料品种，预测其基本耗用量，再减去已有库存量来确定。

2. 采购质量控制

烹饪原料质量关系到厨房生产成本。采购质量控制是烹饪原料成本控制的重要环节，可主要从以下 3 个方面进行控制。

（1）采购的烹饪原料必须符合厨房的使用要求，符合采购标准。通常采购标准是按菜单的要求制定，它包括原料的部位、等级、规格、外观、色泽、新鲜度、清洁度、产地、品牌、生产厂家、外包装，等等。需注意的是，采购标准控制统一明确供需双方职责和违约责任等。案例 4—1 是采购质量标准控制的一个较好的例子。

（2）严格选择供应商。

（3）加强原料采购验收管理。

【案例 4—1】

某餐饮企业厨房烹饪原料质量规格书

蔬菜类

序号	原料名称	规格	质量要求	备注
1	大白菜	散装	新鲜无脱水、无黄叶、个大	
2	小青菜	散装	青绿、不带根、新鲜无斑	
3	荷兰豆	散装	清脆鲜嫩、无斑点	
4	茄子	散装	新鲜、有光泽、无疤痕、无脱水	
5	番茄	200 g/个	新鲜、颜色鲜红、无明显疤痕	
⋮	⋮	⋮	⋮	

肉、蛋类

品种	肉质部位	规格	质量要求	备注
鲜猪肉	外脊	1～2 kg/条	新鲜、色泽鲜红、洁净、检疫合格，不带脂肪层	富有弹性
鲜牛肉	三叉肉	1.5～2 kg/条	新鲜、色泽鲜红、洁净、检疫合格，不带老筋	富有弹性
鸡蛋		14～16 个/kg	新鲜、洁净，产下不超过 7 d	红皮
⋮	⋮	⋮	⋮	

水产品

序号	原料名称	规格	质量要求	备注
1	南非网鲍	100～125 g/个	金红色、整只无斑块、干燥	个头均匀
2	金钩翅	100～125 g/个	透明、金黄色纯翅、长 20～30 cm	
3	海螺	100～500 g/个	带壳、鲜活、个大肉多	
4	鱼肚		色微黄透明、块整无斑	

3. 采购价格控制

采购价格关系到烹饪原料采购成本，关系到厨房生产成本，关系到菜品定价，关系到餐饮经营者切身利益，具有很重要的作用。采购价格控制是烹饪原料成本控制的重要内容，主要有以下 5 种方法：

（1）限价采购

有的烹饪原料价格波动较大，且波动频繁，对这种烹饪原料采购的成本控制宜采用限价采购，即对这类烹饪原料采购价格进行硬性规定，要求供货商在保证原料质量、数量的前提下按规定的价格供货。这种限价采购模式对供货商似乎强硬了一点，但往往都是供大于求和价格瞬息变化的情势下采用的。限价采购不是降价采购，可保持采购价格的相对稳定，从长期着眼，对供求双方都是有益的。

（2）集中采购

一个餐饮企业若能实行集中采购烹饪原料，可同时同地增加原料采购数量，从而降低原料采购价格。

（3）竞价采购

现在，许多烹饪原料价格较为明朗，餐饮企业若采购数量较大，可与多家供货商联系，让其竞争报价（这类似于“招标”），在考虑其他同等条件下，与报价较低的供货商签订供货协议，实施采购，即为竞价采购。

（4）直接采购

直接采购又叫自行采购，是指餐饮企业设有采购小组，这个采购小组由专门采购人员、厨房生产人员、财务出纳乃至司机组成，直接去原料一级批发市场或原料产地进行采购，从而减少了中间环节，有效控制了采购成本。直接采购须注意的是原料的质量一定要符合要求，严把质量关，否则一经采购，很难因质量原因退货。

（5）储量采购

储量采购即采购的目的是为日后的厨房生产采购，将现在价格较低而今后价格较高的烹饪原料予以储存，以备届时使用。运用这种方法可以增加采购数量、增加库房适量储量而降低原料的采购价格。这是一种采购价格战略，故又可称为战略采购。须注意的是，运用储量采购，一是要充分考虑原料的耐储性，二是要考虑餐饮企业自身原料库房的储藏条件。

4. 采购程序规范控制

采购程序规范控制主要是控制请购环节。各厨房根据客情和当日原料结余情况，制定原料的请购，以经厨师长审核后的请购单形式交由中心厨房汇总，汇总后的请购单由行政总厨签字生效，送交库房一一核对；库房没有的原料或数量不足的再通知采购部或采购人员采购。这样可避免厨师或厨政管理人员超越自己权限代替采购人员工作职责的现象出现，杜绝不经过企业规定的采购原料进入厨房，杜绝厨房自己叫货，自己验收，自己使用的管理漏洞。厨房应保留好原料请购单，以备领货、查验之用。请购单一式四联，一联留厨房，一联留库房，一联送采购，一联送交企业财务部门。

学习单元 3 烹饪原料验收、储藏和发放成本控制

学习目标

- 能够进行烹饪原料验收成本控制。
- 能够进行烹饪原料储藏成本控制。
- 能够进行烹饪原料发放成本控制。

能力要求

一、烹饪原料验收成本控制

烹饪原料验收成本控制是为厨师提供价格适宜、符合质量标准、满足生产需要的各类烹饪原料的基本保证，对厨房生产成本控制产生直接影响。

1. 验收人员要求

烹饪原料验收成本控制验收人员的素质能力是关键。验收人员应具备比较宽广的专业知识，熟练掌握验收方法和验收操作程序，认真负责地进行验收工作。

验收人员一般由库房、采购、厨房三方人员组成，以库房验收人员为主。这样有利于形成同心齐力、相互监督的验收机制，确保验收质量的可信可靠、验收数量的真实无误。

2. 根据请购单检查验收

验收人员认真负责地依据原料请购单上的内容逐一验收，符合要求的予以验收入库或直接送厨房。有下列情形之一者，拒收：

（1）没有办理订货手续的原料。

（2）品质规格不达标或串规的原料。

（3）未经检疫或检疫不合格的禽、畜等肉类原料。

（4）虽经冰冻但已化冻变成不合格的原料。

（5）注水掺假的原料。

3. 原料数量检查验收与价格核实

（1）以质量计量的原料，须逐件过秤，记录质量。

（2）以件数或个数为计量单位的原料须逐一点数，记录实收袋数、箱数和个数。

（3）水产品须沥水去冰后称量计数。

（4）核对送货发票原料价格与采购定价是否一致，单价与金额是否相符。

特别提示：

原料供应商的送货发票是对价格的完全反映，是原料数量因素与价格核对的唯一依据，是财务结账的重要凭证。因此，原料数量因素与价格核对必须根据送货发票或送货备忘清单进行。备忘清单是送货票未随货同到，采取的临时措施。备忘清单须注明收到原料的品名、数量、规格等，作为收货凭证。

二、烹饪原料储藏成本控制

1. 原料合理库存量控制

烹饪原料合理库存量指原料的库存能够保证厨房需用，不缺货，不断货，不压库。合理的库存量可以最大限度地减少原料、资金积压，降低其贮藏费用和不必要耗损，确保原料品质。因此，合理的库存量控制是烹饪原料库房成本控制的重要环节或者说是计划决策环节。由于餐饮经营、厨房生产在不同时候存在不同程度的不可预测性，经营兴旺，厨房生产红火，对原料的需求很大，需有充分的库存量保证；反之，则生意清淡，厨房对原料的用量会随之减少。因此库存量是一个变数，是动态的。虽然是变数，是动态的，但其总有规律可循，只要运用好长期积累的经验来研究、分析思考餐饮经营、厨房生产淡旺季规律，总是可以探索出一条合理库存量控制的新路子、新办法来。

（1）控制库存规模

库存规模指原料库存总量，包括库房场地、储存设施设备、资金占有、库房员工及库存方案（计划）等。库存规模控制即库存总量控制。库存总量（规模）控制主要考虑的是烹饪原料哪些需要库存，哪些不需要库存，即需要库存和无须库存。因为并不是所有烹饪原料都需要库存。

1）需要库存。确定需要库存的原料主要得考虑 5 个因素。一是原料本身的耐储藏性或者说可储藏性；二是厨房生产用量的需要；三是库房储存条件；四是资金；五是供货单位或者货源情况。这五个因素，综合考虑确定可库存原料的品种、数量、采购供货时间、库存时间等，以有效控制需要库存成本。

2）无须库存。无须库存原料的确定主要考虑的是供货情况。如货源有充分保证，供货商能按时、按质、按量供货，有可靠的运输条件，且运输服务水平较高，可采取随用随买，及时采购。需注意的是，无须库存不是绝对的补库存，因为有的原料是不可以购货后直接发送到厨房的，需要临时（暂时）的搁放发送。

特别提示：

烹饪原料究竟哪些需要库存，哪些不需要库存，不是绝对的、不变化的，而是动态的、相对的。除上述考虑因素外，还应根据具体情况进一步分析某种烹饪原料在生产经营过程中产生的经济效益，运用低于采购费用和库存保管费用两者之和来衡量是否进行采购库存。

（2）控制原料库存周转率

烹饪原料库存总量控制，主要是取决于原料库存周转率。原料库存周转率是餐饮经营分析、原料采购评估和原料库存量控制的重要指标。原料库存周转率是每月菜品烹饪原料成本与每月平均库存的比值，用计算公式表示为：

原料库存周转率＝烹饪原料成本÷月平均库存额

其中，月烹饪原料成本＝期初库存额＋期内进存额－期内库存额（注：期初库存额为上月结转来的库存余额，期内进存额为本月共领用原料额，期末库存额为本月盘存库存额）；平均库存额＝（期内库存额＋期末库存额）÷2。

例如，某餐饮企业4月份从上月结转来的烹饪原料库存余额为55 000元，4月（本月）份共领用烹饪原料为184 000元，4月底盘存库存余额为59 000元。则该餐饮企业4月份的烹饪原料库存周转率为多少？

1）4月份烹饪原料成本＝（55 000＋184 000）－59 000＝180 000（元）；

2）4月份平均库存额＝（55 000＋59 000）÷2＝57 000（元）；

3）4月份原料库存周转率＝18 000÷57 000＝3.15。

上列计算结果表明，在原料成本相对稳定的条件下，原料库存周转率低；原料库存额小，其周转率就较高。确定合理的原料库存周转率是实现原料库存成本控制的有效措施。原料成本周转率的确定是否合理，一是看库存资金积压是否降到了最低水平，同时又保证了厨房生产对原料的需要；二是周转率虽然没有一个固定的标准，但可以连续计算出几个月或者一个经营年度的周转率，得其月平均周转率，作为本企业相对稳定的合理原料库存周转率。

根据原料库存周转率既可以相对准确地控制烹饪原料的购进量，还可以根据当月的实际库存周转率来调整下个月的原料购进量。例如，某餐饮企业确定的合理的库存周转率为 3，而 5 月降到了 2.5，则说明某些原料造成了积压，需采取措施减少库存，调整库存周转率。

2. 原料盘存清点

原料盘存清点是烹饪原料库房储藏成本控制的重要内容。原料盘存清点的重点是核实清点库房存货，检查原料的账面数量与实际库存储量是否相符。原料盘存清点的周期由餐饮企业根据实际营业情况确定，可以一月一次，或半月一次，或十天一次；必须时，也可随时进行。原料盘存清点宜由企业财务部派专人负责，与库房管理人员共同进行。

三、烹饪原料发放成本控制

烹饪原料发放成本控制有 3 个作用：一是充分及时保证厨房生产用料供应；二是有效控制厨房用料数量；三是正确记录厨房用料成本。烹饪原料发放须遵循以下程序：

（1）申领。厨房向库房领用烹饪原料时须填写领料单。领料单是厨房生产成本控制的重要措施。领料单一式四联，一联交库房领货，一联交财务入账，一联交原料成本核算员，一联厨房留存。领料单须在前一天下班时开制，书写要清楚，内容须齐全，符合要求。领料单须经行政总厨或厨政管理人员审核签字后才可生效。

（2）核验领料发货。库房管理或发放人员在前一天收到厨房领料单时应即核验领料单是否符合要求。对符合要求的，于第二天早晨上班时，将厨房申请领用的原料准备就绪等待来取，或装车发送其领用厨房。对不符合要求的领料单应及时退回厨房，要求补充或更改重写。

（3）做好原料发放登记。原料发放登记是核算厨房生产成本的重要依据，必须准确无误、真实有效及时进行登记。此外，还在登记的基础上按企业规定的时间统计并上报财务部门。

（4）鲜活原料发放时须样样过秤，以掌握和控制原料净料率。

（5）贵重原料的领用与发放，须进行价格控制，不可造成厨房内与库房囤积，以致损耗，加大成本。

（6）发放人员须亲手接单，亲手发放，不能让领用人员入库自行拿取。

学习单元 4　厨房生产过程成本控制

学习目标

- 能够对烹饪原料初加工成本进行控制。
- 能够对菜品配份进行控制。
- 能够对菜品烹调过程的调味料、佐助料成本进行控制。

能力要求

厨房生产过程成本控制是一种难度极大、复杂程度较高、操作技术性强的动态控制。这就要求厨政管理人员有较高的业务素质和厨政管理水平，把握厨房生产环节多、不确定因素多、漏洞多和作业过程手工操作的特点，以科学的态度、求实的精神，从菜品生产工艺流程入手，对菜品加工制作阶段过程实施其成本的有效控制与管理。

一、烹饪原料初加工成本控制

烹饪原料初加工是菜品生产的第一个环节或者说第一道工序、第一个阶段。烹饪原料初加工成本控制的要点是原料净料率。所谓原料净料率是指烹饪原料在初加工后的可用部分的质量占加工前原料质量的比率，用计算公式表示为：

原料净料率＝加工后可食原料质量÷加工前烹饪原料总质量×100％

烹饪原料净料率在厨房生产中常常又叫做原料出成率、出净率或净货率等。净料率高，表明原料初加工成本控制良好；反之，则不好。

提高原料净料率，做好原料初加工成本控制，通常有 4 种方法：

1. 按照烹饪原料的不同种类，实行分类分区初加工作业管理

生产过程中，需要进行初加工的烹饪原料百种千种、异彩纷呈，其技术要求、加工质量、加工方法、加工周期、需设施设备和工具等方面存在很大差异。为提高工作效率，降低加工成本，有利于原料初加工的流水作业，可按烹饪原料的不同种类，不同加工要求，进行科学组织，分类分区加工作业。例如可分为肉类加工区、禽类加工区、水产品加工区、蔬菜加工区、水果加工区、干货加工区等。

2. 实行初加工操作方法控制管理

由于烹饪原料的种类不同、制作要求不同、用途不同等，其加工操作程序和加工方法也不同。餐饮企业可根据原料的种类、制作要求和用途，有的放矢地选用科学合理的初加工工艺、加工操作程序和操作方法，精细操作，保证其初加工质量，提高原料净料率，降低初加工成本。

3. 规定原料标准净料率

由于烹饪原料的种类、规格和质量的不同，其净料率也是不同的，因此，必须规定原料标准净料率，以规范厨师的加工操作方法，提高原料净料率，降低原料损失，控制原料初加工成本，保证菜品质量与数量。

4. 合理使用原料，物尽其用

这是对原料初加工厨师的基本要求，也是控制原料初加工成本的有效方法。该方法主要要求厨师刀工处理要心中有数，用料合理，力求物尽其用，切实避免刀工处理后有过多的边角余料，影响原料的使用价值，无形提高原料初加工成本的现象发生。

二、菜品配份控制

菜品配份是使菜肴具有一定质量、形态和营养成分而进行的各种原料的搭配过程。菜品配份通常又称配菜、配料，一般分为热菜的配份和冷菜的配份两类。热菜的配份，配份后的生料经过烹调便可成为可供食品；配份后的冷菜可直接上桌供客人食用。配份是厨房菜品生产的重要环节、主要工序，它影响着菜肴的品质质量、感官质量、份额量和生产成本，因此加强配份的控制与管理，是厨房生产过程成本控制的有效举措。

加强配份控制管理，主要有强化配菜标准控制管理和加强配菜作业过程的监督两个方面，本教程其他章节学习单元将有专门讲述。

三、烹调过程的调味料、佐助料成本控制

菜肴烹调直接耗费的原料主要是调味料和佐助料。由于调味料和佐助料在使用中难以准确定量和取量，这就带来了其成本控制的不便与困难。在厨房生产过程成本控制中，对调味料、佐助料的成本控制常见的方法有以下两种：

1. 标准化使用

标准化使用是指将菜肴烹调中使用的各种调味料、佐助料的使用量、添加量进行标准化投放，或规格化投放，尽可能使其量化或者细化。调味料、佐助料的标准化使用，不仅有利于生产过程原料成本的控制，更重要的是有利于菜品质量的稳定，包括菜品的色泽、味、形和咸度、甜度、酸度、辣度等的相对稳定。

标准化使用的关键是制定并实施菜肴的调味料、佐助料的使用标准。一般情况是标准制定容易，实施标准难。如果采用秤量方法投放调味料和佐助料，势必因称量时间较长而与菜品加热烹调时间段不相适应，也不符合烹调工艺。因此，一般餐饮企业厨房采用量器添加法。这里指的量器有量匙、调味罐、盒中配置量勺等。须注意的是，采用量器添加法应培养厨师熟练准确使用量器的技能技巧。

2. 批量化生产

批量化生产一方面是指半成品批量加工，即厨房可将其所用主料或配料加工成半成品，例如将销量最大的菜肴主料事先进行初步熟处理，将常用肉片经油滑后备用等；另一方面是事先调制批量调味品，例如经常使用的盐、糖、料酒、高汤等，厨师可将这些调味品事先按一定比例调制好，以方便使用时即用。

第 3 节　厨房生产费用与人工成本控制

学习单元 1　厨房生产费用成本控制

学习目标

➢掌握厨房水、电、燃料成本控制方法，能实施其控制。

➢掌握厨房设备成本控制方法，能实施其控制。

➢掌握减少厨房生产餐具用具损耗的措施，能控制厨房餐具用具损耗。

能力要求

一、厨房水、电、燃料成本控制

水、电、燃料是厨房生产的必备要素。水、电、燃料成本在厨房生产费用中占有一定的数额。实行水、电、燃料成本控制，不仅可以降低厨房生产费用成本，重要的是节能减排，对厨房生产环境、餐厅环境都有一定的积极作用。控制厨房生产水、电、燃料成本可主要从以下 3 个方面入手：

（1）建立水、电、燃料使用管理制度。建立制度以控制生产成本是企业生产经营成本控制的一种常用方法，亦可以称之为“制度控制法”。水、电、燃料使用管理操作规程重在安全。从成本控制角度讲，主要是合理使用，注重节约，避免浪费及其节约有奖，浪费受罚的奖惩措施等。厨政管理人员的职责是指导、监督、促进、检查制度的执行。

（2）教育培训职工重视节约能源，养成良好的节能习惯。厨房水、电、燃料成本控制关键在于厨房员工。行政总厨、厨师长等厨政管理人员要教育培训员工重视节约能源。一是教育培训员工懂得正确使用和节约水、电、燃料的方法；二是教育培训并督促员工养成节约用水、用电、用气（燃料）的良好习惯；三是经常对员工的节能情况、效果进行检查、总结、分析、评估，肯定成绩，找出问题并提出节能改进的措施。

（3）建立厨房水、电、燃料费用月损耗控制标准，实行其消耗费用标准（目标）控制。

二、厨房设备、用具、餐具成本控制

厨房设备、用具、餐具是厨房生产的必备条件，保持设备使用的完好率，尽可能减少用具、餐具耗损，是厨房生产成本控制的重要内容。

1. 搞好厨房常用设备的使用管理

（1）严格执行厨房设备安全操作规程。

（2）厨房常用设备管理实行班组责任制，由厨政管理人员（行政总厨、厨师长）负总责，厨师班长具体负责，并分别建立二级和三级设备总账。

（3）厨房常用设备每月进行一次清点，由设备具体负责班组报出月损耗率及维护保养情况。每季度或半年由设备总负责人组织清查，年底纳入餐饮企业财务部门统一组织的物资清查。

（4）缺损设备应及时填写损耗报告单；不能维修使用的设备应及时按有关规定办理报废手续。

2. 抓好厨房设备的维护保养管理

（1）建立厨房设备的维护保养制度，保证厨房设备使用完好率达到餐饮企业或厨政部门制定的完好率标准。所谓设备完好率指投入运行使用的设备（台）数与总设备（台）数百分比。用计算公式表示为：

$$设备完好率=使用设备数\div 总设备\times 100\%$$

许多企业都把设备完好率标准确定在 90%以上。设备完好率是通过设备责任人经常维护保养来实现的。

控制厨房生产成本，抓好设备使用完好率，重在设备的维护保养管理。

（2）实行厨房设备维修人员巡查制度。设备维修人员要经常巡查厨房设备的使用情况，及时发现设备毛病，乃至小毛病都要及时修好，严谨漏、跑、滴水现象存在。

3. 抓好厨房餐具、用具使用管理，控制损耗

（1）建立厨房餐具用具管理制度，实行个人责任制。凡属于厨房生产人员个人生产工作使用的餐具、用具，如刀具，管理责任落实到人头。从领取、使用、维护保养、保管到报损整个过程均一包到底。班组集体使用的，由班组长负责组织使用管理。

（2）建立厨房餐具、用具报损制度。依据厨房餐具、用具使用频率确定常态下的使用周期。在使用周期范围外报损的餐具、用具属正常报损，但须完善报损手续；在使用周期内，因使用不当或其他原因造成的餐具、用具破损，应酌情适当追究赔偿；超过使用周期但还能正常使用的餐具、用具，应对使用管理责任人实行适当奖励。

（3）培训厨房员工养成爱惜餐具、用具和正确使用、经常维护保养的习惯与方法，降低其损耗率。

学习单元2 厨房生产人工成本控制

学习目标

➢熟悉人工成本与工作效率的概念。

➢能够实施厨房生产人工成本控制。

知识要求

人工成本与工作效率的概念

1. 人工成本

人工成本即劳动力成本，是厨房生产成本和餐饮企业生产经营成本的重要组成部分。广义上讲，人工成本包括员工工资、奖励、福利、社会保险、教育配需费用等。厨房生产人工成本即参与厨房生产的所有员工包括采购、库房人员、管理员工的工资、奖励、社保等费用。人工成本要受到许多因素的影响，主要有：

（1）本地区总体工资福利水平

本地区的总体工资福利水平较大地影响着餐饮企业人工成本。水涨船高，如果当地的平均工资福利水平较高，那餐饮企业支付的人工成本也随之升高。

（2）政策法规

国家有关政策法规规定所有用工企业都要与用工签订劳动合同，都要为录用工支付养老、医疗、工伤等保险费用，从而使企业用工的人工成本加大。

（3）生产设备现代化程度

厨房生产使用的设备现代化程度高，可减少用工人数，降低人工成本。例如原料加工以及餐具洗涤设备的现代化，可降低人工成本。

（4）菜品销售量

菜品销售量高，每份菜品消耗人工成本就低；反之，每份菜品人工成本消耗就会加大。

（5）员工培训

从成本管理视角看，员工培训是提高生产工作技能和职业素质，节省人工成本，增加赢利的有效途径。

2. 工作效率

员工工作效率指一定时间内完成工作量的大小。工作效率是员工生产工作态度、专业知识能力等的综合反映，影响着厨房产品质量及其生产成本。影响员工工作效率的主要有两个因素：内在因素和外在因素。

（1）内在因素

内在因素即员工的心理因素，包括工作动态、情绪、兴趣、与其他员工及领导的关系等方面。如果员工是奋发向上、生机勃勃、创新有为的，其工作效率肯定会高；如果员工对生产工作岗位没兴趣，或力不从心、不能胜任工作，有畏难厌烦情绪，或自我感觉不受重用、大材小用，或因感觉待遇不公造成的情绪下降等，都可造成工作效率下降。

（2）外在因素

一是厨房产品销量变化影响厨房生产工作量，导致工作效率受到影响；二是因厨房产品品种多，单个手工生产等特点，影响工作效率；三是厨房布局设计与组织结构不合理，影响工作效率；四是厨房技术力量与设施设备状况影响着工作效率。

能力要求

厨房生产人工成本控制

一、加强厨房人力资源管理，降低人工成本

（1）定岗定员，适量配备员工。

（2）制定科学的厨房员工劳动定额。劳动定额指厨房员工在一定的时间内应加工制作的菜品数量。

（3）控制工资总额。

（4）建立厨房员工岗位责任制，实行厨房员工绩效考评，奖勤罚懒。

二、提高工作效率，降低人工成本

工作效率直接影响人工成本。要以人为本，充分发挥员工在生产中的主导地位和聪明才智，发挥其在生产工作过程中的创新能力，提高其工作效率。具体方法有：

（1）合理构建厨房组织结构，建立厨房内部班组间、部门间、分厨房与中心厨房生产工作关系的协调机制，使厨房员工能在宽松和谐的环境氛围中、在科学合理的组织结构中轻松愉悦地工作。

（2）处理好厨房与餐厅、营销部门、后勤工程部门和人力资源部门的工作关系，创造协调配合，互相支持、理解的工作环境，对提高工作效率有重要作用。

（3）建立健全厨房生产工作的全方位制度。

三、科学制定厨房岗位工作劳动定额

1. 劳动定额的概念

劳动定额是指餐饮企业员工在一定营业（工作）时间内，应提供的助餐服务，或应加工生产的餐饮产品数量。

2. 劳动定额制定的依据

厨房是劳动密集的工作场所，科学的劳动定额，应根据餐饮企业确定的加工生产厨房产品的数量、质量、工作或管理的流程、标准及厨房配置、环境优劣、工作难度等内容来制定。

通常，餐饮企业厨房主要按各岗位工种层级、职级的上班时间来确定其基本（目标）劳动定额。如厨师、洗碗工等岗位的定额大多以每天 8 h 来确定，通常要求厨师在 8 h 内完成相应工作，或烹制符合质量与成本要求的×份菜点，配备适量的员工。

3. 劳动定额制定的基本方法

（1）在科学制定各岗位劳动定额的基础上，餐饮企业厨房应根据自身的规模、经营定位、营业时间、营业季节性、设备性价比、工作环境状态等因素，来配置适量的员工。

（2）企业可按每月、每周或每天的生产量来配备员工。企业应记录每天或每餐的营业量，以判断各岗位员工的实际劳动效率是否符合预先规定的劳动定额，从而正确增减员工数。

思　考　题

1. 餐饮成本价格由哪些成本费用构成?
2. 目前餐饮成本控制存在哪些问题?

3. 厨房生产成本由哪些成本构成？厨房生产成本控制有哪些内容？

4. 怎样控制烹饪原料采购成本？

5. 怎样进行烹饪原料验收、储藏、发放的管理与成本控制？

6. 如何控制烹饪原料库存周转率？

7. 怎样控制烹饪原料初加工成本和配份控制？

8. 烹调过程的调味料、佐料成本如何控制？

9. 怎样控制厨房的生产费用成本？

10. 怎样控制厨房生产的人工成本？

第5章 卫生管理

第1节 烹饪原料卫生管理

学习单元1 厨房卫生管理概述

学习目标

➢熟悉食品卫生、厨房卫生管理的概念和意义。

知识要求

一、食品卫生和厨房卫生管理的概念

食品卫生指从食品的生产、制造到最后消费之间的任何环节、任何步骤都能确保食品处于安全、完整和美好的状态，即能保护人体的健康，预防疾病。

食品卫生管理就是对食品“从农田到餐桌”全程的卫生状况进行观

测、检查、促进、纠正和处理，以确保食物的安全无害。作为食品卫生管理的一部分，厨房卫生管理主要针对餐饮生产环节，涉及从烹调原料的采购与验收、原料及产品储存、菜点加工、餐厅服务等全过程中的卫生安全问题及其控制措施和管理制度。

二、厨房卫生管理的意义

目前，公众的食品安全受到政府部门、社会各界的广泛重视和关注。餐饮食品安全与消费者健康关系密切，迫切需要餐饮行业加强食品安全控制。厨房卫生管理的主要目的是保证餐饮服务过程的卫生安全，保障消费者身体健康，同时也符合国家法律法规及政府监管部门的要求，无论是对于餐饮企业本身还是对于消费者、政府食品安全监管部门等都具有重要意义。因此，搞好厨房卫生管理，为广大消费者生产提供卫生、安全、可靠的餐饮菜品，是餐饮从业人员和厨房生产人员的基本职责。

厨房卫生管理主要有以下 4 个方面的意义：

1. 是保证顾客消费安全的重要条件

人类食物供应的环节包括从种植、养殖到加工、包装、储运、销售和消费的全过程，即从农田到餐桌的全过程。餐饮业在整个食物供应链环节中处在最靠近消费者的位置，餐饮业前端的所有食品安全危害都可以集中在餐饮服务环节中表现出来。据调查统计，每年我国要发生各类食物中毒事件近万起，其中餐饮业就占 60%以上。餐饮企业菜品生产过程不遵守卫生法规，不符合卫生要求，卫生设施不完善，餐饮从业人员卫生安全知识水平低是导致这一现象出现的主要原因。

因此，在餐饮企业建立良好的卫生管理制度，可以阻断不安全卫生的菜品端上餐桌，阻断厨房生产过程中可能的污染或有害因素对人体的危害，是餐饮消费安全质量的基本保证。

2. 是创造餐饮企业声誉的基本前提

随着我国全面步入小康社会，人民生活水平不断提高，在饮食方面人们已经不单纯仅仅是为了满足温饱，而是更关心吃得健康、吃得科学、吃得营养、吃得美味。而餐饮菜品科学、健康、营养、色香味美的前提条件是安全、卫生。餐饮食品中毒事件的直接后果不仅是有害消费者的健康，企业的经营形象和信誉也会完全丧失，企业还将面临赔偿、罚款，影响经济效益，严重者或被取消经营资格，或承担刑事责任。因此，餐饮产品安全、卫生是创造企业声誉的基本前提。

3. 是餐饮企业竞争的优势

随着市场经济的不断完善和进一步发育成熟，国外连锁、速食等餐饮业进驻我国餐饮市场，其规范化和标准化的管理制度在餐饮企业之间的激烈竞争中占尽了先机，这对我国传统的餐饮企业经营管理模式既提出了挑战，也创造了发展的良机。当今餐饮企业的竞争越来越体现在综合核心能力，包括餐饮企业科学的管理制度和掌握一定营养卫生知识的管理人才及员工队伍，餐饮产品的卫生安全已成为企业核心竞争力之一。

4. 可营造厨房员工良好的工作环境

厨房的卫生和安全，既是对消费者负责，同时也是关心、爱护员工，保护员工利益的具体体现。厨政管理者有责任为员工提供一个符合卫生条件、符合安全生产要求的工作环境，并对生产环境做好规划和利用，进行必要的保养与维护，使员工的福利得到应有的保障，使员工的身心健康得到保护，使员工能够在卫生、安全、洁净的厨房环境中，生产出卫生、安全、洁净的受消费者欢迎的美食佳品。

学习单元 2　烹饪原料采购卫生管理

学习目标

➢熟悉烹饪原料采购索证制度的内容、索证的食品范围和种类，掌握索证的方法。

➢能够建立烹饪原料采购卫生管理规范。

知识要求

餐饮企业厨房生产卫生管理的首要环节是烹饪原料的采购卫生管理。烹饪原料种类繁多，性质各异，把好原料采购关是餐饮业食品安全控制最重要也是最困难的环节之一。

烹饪原料采购卫生管理需主要抓好两个方面工作：建立烹饪原料采购索证制度和卫生管理规范。

在我国当前实际生活中，食物供应的各个环节可能导致的食品污染种类繁多，屡见不鲜，备受国家和消费者的重视。对于一些含有化学污染物的原料，采购人员在采购验收的时候光凭经验和感官检查往往很难分辨，因此必须依靠建立健全完善的采购索证制度，选择政府监管部门许可经营销售的供应商，选择经由国家检验检疫机构检验合格的食物，做好相应的采购验收工作，才能保障原料的安全可靠，从而避免食品安全事件的发生。

一、选择合格的供应商

烹饪原料的采购环节卫生管理很大程度取决于烹饪原料供应商的选择和管理。如何选择供应商已在本教程第 3 章第 1 节“相关链接”中作了讲述，此不再叙。

二、烹饪原料采购索证制度

“索证”指餐饮企业在采购烹饪原料时，查验其是否符合相关卫生法规或标准要求。按照法律法规要求，食品生产者采购食品原料、食品添加剂、食品相关产品，应当查验供货者的许可证和产品合格证明文件。

1. 索证的内容

按照《食品安全法》及《餐饮业食品索证管理规定》，索证的内容包括索取、查验及建立进货验收和台账记录3个方面。

(1) 索取

索取购物凭证、资质证明、证明食品安全质量的文件和供货合同(从固定供货商或供货基地采购食品的)。

(2) 查验

查验产品的一般卫生状况、产品合格证明和产品标志；批量采购食品时，查验食品是否有按照产品生产批次由符合法定条件的检验机构出具的检验合格报告或者由供货商签字（盖章）的检验报告复印件；采购生猪肉查验是否为定点屠宰企业屠宰的产品并查验检疫合格证明；采购其他肉类查验检疫合格证明。

(3) 建立进货验收和台账记录

记录进货时间、食品名称、规格、数量、供货商及其联系方式等内容；从固定供货基地或供货商处采购食品并签订采购供应合同的，应留存每笔供货清单，可不再重新登记台账。

2. 索证的食品范围和种类

餐饮业经营者应实施采购索证和进货验收制度的食品种类包括食品(食用油及食品原料)、食用农产品、食品添加剂、省级卫生行政部门依法规定的索证项目，具体来讲通常应包括：

(1) 食品类

食品类主要有肉及肉制品、乳及乳制品、蛋及蛋制品、水产品及制品、豆制品、酒类、饮料、茶叶、冷食、糕点类、粮谷类及制品、食用油、调味品、酱腌菜、罐头、糖果、蜜饯、食糖、婴幼儿主辅食品、新资源食品、保健食品、辐照食品、强化食品、特殊营养食品等。

(2) 食品添加剂类

食品添加剂包括各类食品添加剂。餐饮业可能常用的如着色剂、膨松剂、品质改良剂、甜味剂和酸味剂等。

（3）食品容器与包装材料类

食品容器与包装材料类主要有塑料包装材料、纸质包装材料、木质包装材料和金属材料等。

（4）食品用洗涤剂、消毒剂等

食品用洗涤剂、消毒剂主要有不同品质的洗涤剂、消毒剂和洗涤消毒剂等。

此外，为了最大程度地保障消费者健康，除对规定的食品品种必须强制索证外，也应该对未作规定的食品品种进行索证，尤其是购进量比较大、消费范围比较广的食品，如蔬菜、水果等。

能力要求

一、采购索证的具体方法

1. 索取证明生产者或经营者资质的文件

从事食品生产、食品流通的“食品生产许可证”“食品流通许可证”以及食品生产、经营者的“工商营业执照”。

2. 索取证明食品安全质量的文件

（1）食品（包括蔬菜、水果等）、食品添加剂与营养强化剂、食品包装材料与容器和食品用洗涤剂、消毒剂的检验合格证或化验单。

（2）食品为鲜（冻）畜禽肉或活禽时，应索取畜牧兽医部门出具的兽医检疫证明。

（3）所购食品为进口食品时，应索取口岸进口食品卫生监督检验机构出具的检验合格证明（进口食品卫生证书）。所购食品为鲜（冻）畜禽肉时，还应当索取进口检疫机构出具的卫生检疫合格证。

（4）需要特殊批准的产品，如保健食品、新资源食品、绿色食品、无公害食品等，还需要索取批准机关的批准证书或其他相关证明文件。

3. 食品安全质量证明文件的具体形式

（1）检验合格证

检验合格证是指对食品所作的综合性评价结论，一般无检验项目及检验结果的具体明细，而是对某项特殊内容所作的评价，如兽医检疫证明。

（2）化验单

化验单即检验报告单，有具体的检验项目与检验结果应出具化验单（或称检验报告单）。

需要特别说明的是，对于检验报告的索取，《餐饮业食品索证管理规定》仅要求批量采购食品时应当查验，简化了索取方式，提高了可操作性。同时，要求查验检验报告原件或供货商签字（盖章）的复印件，确保真实性。

4. 如何查验各类文件

（1）查验证明文件的有效性

1）索取的“食品生产许可证”“食品流通许可证”“餐饮服务许可证”“工商营业执照”“产品批准证书”等应在有效年度内。

2）索取的许可证所载明的生产或经营企业的名称应与所购食品包装标签或供货合同上的相同；所购买的食品应在许可证准许生产或经营的品种范围内。

3）索取的检验合格证明或化验单上的食品名称、批号或生产日期应与所购食品包装标签、供货合同或商品发货票上的相同。

4）检验合格证明或化验单上注明所使用的执行标准和检验方法应与所购食品相关现行标准一致。

（2）查验证明文件的合法性

1）出具检验合格证或化验单的检验机构应是有出证资格的单位。

2）所有文件都加盖了合法有效的公章或检验专用章，如检验单位章、检疫章等。

3）各类文件无涂改、伪造。

（3）其他注意事项

1）化验单或检验合格证必须是购进产品同批次样品的检验结果，

不能以一个批次的化验单或检验合格证代替其他批次的产品。所以，应该是每批必检验，每批必索证，每批必查验。

2）化验单或检验合格证应当标明供货方或生产者名称、品名、生产日期、批号、检验时所依据的食品卫生标准、检验的指标及检验结果，盖有检验单位公章。

3）检验时间应在产品保质期内。

4）按照现行食品安全国家标准或地方标准、行业标准、企业标准对该食品检验项目的检验结果进行查验。食品安全国家标准是企业必须执行的标准，在没有食品安全国家标准时，可使用食品安全地方标准；在没有食品安全国家标准，也没有食品安全地方标准时，可使用食品安全行业标准的指标；如无前述各类标准时，也可使用已经备案的企业标准。

5. 索证制度的其他要求

食品、食品添加剂及食品相关产品采购入库前，采购员应当查验所购产品外包装、包装标志是否符合规定，与购物凭证是否相符，并建立采购记录，采购记录应当如实记录产品的名称、规格、数量、生产批号、保质期、供应单位名称及联系方式、进货日期等。

餐饮业厨房管理人员需妥善保管索证的相关资料和验收记录，食品进货查验记录应当真实，不得涂改、伪造，保存期限不得少于两年。

二、建立原料采购卫生管理规范

建立并执行烹饪原料采购卫生管理规范是烹饪原料采购卫生管理的基本内容和任务。烹饪原料采购卫生管理规范的主要内容有 4 个方面：一是对采购人员的业务素质要求；二是采购烹饪原料安全卫生原则；三是采购索证制度；四是对采购烹饪原料的品质、包装、容器、运输工具等的安全卫生要求。

【案例5—1】

某酒楼烹饪原料采购卫生管理规范

第一条 采购人员必须熟悉本酒楼所用的各种烹饪原料的品种及相关的卫生标准、卫生管理办法和相关法律法规，掌握必要的食品感官检查方法。

第二条 原料遵循“用多少订多少”的原则，采购烹饪原料必须保证色、香、味、形正常，采购肉类、水产品等原料必须注意新鲜度。

第三条 采购人员不得采购腐烂变质、霉变及其他不符合卫生标准要求（病死、毒死、死因不明、有异味）的禽、畜、兽、水产动物及其制品，不得采购《食品卫生法》禁止生产经营的食品，不得采购无证商贩的食品原料。

第四条 采购人员采购烹饪原料时应向供应商索取发票等购货凭证，并做好采购记录；向食品生产单位、批发市场等批量采购食品，还应索取食品卫生许可证、检验（检疫）合格证明等。

第五条 采购定型包装食品和食品添加剂，食品包装上应有品名、厂名、厂址、生产日期、批号、规格、配方或者主要成分、保质期、食用或者使用方法等内容。

第六条 采购酒类、罐头、饮料、乳制品、调味品等食品，应向供货方索取本批次的检验合格证或检验单。

第七条 采购蔬菜等散装农副食品及鱼类等鲜活产品，应通过正规渠道进货（可通过定点采购方式实现），确保无农药及其他有毒、有害化学品污染，并索取检验合格证明。

第八条 采购的食品容器、包装材料、食品用工具、设备必须符合相关卫生标准和卫生管理办法的规定，有检验合格证。

第九条 采购的用于清洗食品和食品用工具、设备的洗涤剂、消毒剂，必须符合相关的国家卫生标准和要求。

第十条 采购的进口食品、食品添加剂、食品容器、包装材料、食品用工具及设备，必须符合相应的国家卫生标准和卫生管理办法的规定，有口岸进口食品卫生监督检验机构出具的检验合格证明，外文包装配有中文标志。

第十一条　运输食品原料的工具如车辆和容器应专用并保持清洁，严禁与其他非食品混装、混运。运输过程中应做好防雨、防尘、防蝇、防晒、防污染工作。

第十二条　采购食品入库前应进行验收，出入库时应登记，做好记录，建立台账。

学习单元 3　烹饪原料验收卫生管理

学习目标

- 掌握烹饪原料验收方法。
- 能够进行烹饪原料验收卫生管理。

知识要求

烹饪原料验收方法

为保证烹饪原料的质量安全，除了通过合理科学的供方评定选择合格的供应商和依法建立索证制度之外，还有一个重要的控制措施是对需要采购的烹饪原料进行一般卫生状况的验收。

目前，我国尚缺乏专门适用于餐饮行业的采购质量标准，可参考现有的食品卫生质量检验标准，从感官检验、理化快速检验和微生物快速检验等三方面进行质量检验和安全控制。

1. 感官检验

感官检验是利用人的感觉器官，即视觉、嗅觉、触觉及味觉对烹饪的色、香、味和外观形态进行综合的鉴别和评价，它是鉴定食品质量优劣，尤其是否腐败变质的简便、快速和比较准确的方法。

（1）视觉检验

视觉检验即以肉眼观察。在感官鉴别中，视觉鉴别是最常用的方法，几乎所有烹饪原料的感官鉴别都离不开视觉检验。

视觉检验的重点是观察烹饪原料的形态与色泽，一般质量较好的烹饪原料常带有其特有的颜色、光泽和透明度；如果腐败变质，其颜色、光泽、形态和透明度也发生着相应变化。此外，还应观察原料包装是否完整无损，标签商标是否与内容相符，原料表面有无霉斑、虫蛀、异物等，判断其新鲜程度。

特别提示：

视觉检验应在自然光下进行，而灯光会给食品造成假象，带来视觉错觉。

（2）嗅觉检验

嗅觉检验即以嗅觉检验原料的气味。嗅觉检验是感官检验中灵敏度最高的方法，其灵敏度甚至高于某些仪器和理化检验，尤其适用于肉、鱼及海产食品的检验。

在鉴别原料时，液态原料可滴在清洁的手掌上摩擦，以增加气味的挥发；识别畜肉等大块原料时，可将一把尖刀稍微加热后刺入深部，拔出后立即嗅闻气味。

特别提示：

进行嗅觉检查应按轻气味到浓气味的顺序进行，持续时间不能过长，以免因嗅觉适应，灵敏度降低。

（3）触觉检验

触觉检验主要通过手的触、摸、捏、搓等动作，对原料的轻重、冷热、软硬、脆韧、弹性、黏稠、紧密程度、滑腻等性质的描述，检查其组织状态、新鲜程度、有无吸潮硬结或龟裂崩解现象。

（4）味觉检验

味觉检验通常是在视觉、嗅觉检验基本正常的情况下进行的品评食物应有的滋味等。检验时取少量被检食品放入口中，细心品尝，然后吐出（不要咽下），用温水漱口。若连续检验几种样品时，应由淡及浓，且每品尝一种样品后，都要用温水漱口，以减少相互影响。

特别提示：

人体味蕾的灵敏度与食品的温度有密切关系，在作味觉检验时，最好使食品处于20～45℃，以免温度的变化增强或减低对味觉器官的刺激。味觉检验前不要吸烟或吃刺激性较强的食物，以免降低感觉器官的灵敏度。

2. 理化检验

理化检验是指对烹饪原料及化学性污染物进行定性鉴定和定量测定，一般要求在实验室借助各种分析仪器、试剂等对其物理指标和化学指标进行分析检验，并与国家有关食品质量标准比较，以此确定其营养卫生质量。国家标准对餐饮业食品与原辅料、餐饮具等的重点检测项目规定中涉及的主要理化检测项目是蛋白质含量、食品添加剂、重金属、黄曲霉毒素等。

3. 微生物检验

微生物检验是在实验室条件下对食品中微生物进行培养观察，分类计数等检验。在食品的细菌污染中，评价食品卫生质量的细菌学指标包括细菌菌相、菌落总数和大肠菌群。

4. 快速检验

快速检验即快速检测，包括样品制备在内，能够在短时间内出具检测结果的行为，包括理化快速检验和微生物快速检验。目前食品安全监管部门在对餐饮经营单位进行日常的现场监督时应用此法较多，可借鉴作为原料采购验收时企业内部监管的手段之一。

特别提示：

为保证烹饪原料的质量安全，在原料采购验收时应根据不同种类原料的特性选择适宜的检验方法，以感官检验为主，结合其他检验方法对烹饪原料的安全性作出全面、准确的评价。

能力要求

烹饪原料验收卫生管理

一、植物性原料验收的卫生管理

植物性原料包括粮谷类、豆类、薯类、硬果类、蔬菜水果等。

1. 粮食验收的卫生管理

(1) 粮食的卫生问题

粮食在储存过程中，由于自身酶的作用，营养素发生分解，从而导致其风味和品质发生改变的现象，称为自然陈化。用陈米煮饭，饭粒松散无黏性，有陈腐味。陈面粉蒸馒头，发酵不良，做面条筋力差、易断、糊汤。在环境湿度较大、温度较高时，粮食极易霉变，不仅引起其营养成分的分解和感官性状的变化，降低或丧失其食用价值，而且霉菌产生的毒素对人体会造成危害。在种植过程中为防止病虫害、除杂草而使用农药或工业“三废”中含有的各种有毒物质，对粮、豆造成了直接或间接污染。仓储害虫将粮、豆蛀蚀一空，其排泄物还能使粮豆受潮霉变。有毒植物种子在粮、豆收割时容易混入，误食后对机体产生一定的毒性作用。无机夹杂物的污染不仅影响感官性状，并且还损伤牙齿和胃肠道组织，造成一定损害。

（2）粮食的感官检验

优质大米应颗粒完整，大小均匀，坚实丰满，表面光滑，具有各种大米固有的色泽。无异味、无霉变、无虫蛀、无杂质（铁屑、泥沙、煤渣、鼠屎等）。取少量样品于手掌上，用嘴哈气使之稍热，立即嗅其气味。优质大米具有纯正的固有气味，无其他任何异味，见表 5—1。

表 5—1　大米的感官检验

项目	合格	不合格
色泽	呈清白色或精白色，具有光泽，半透明状	霉变的米粒色泽差，表面呈绿色、黄色、灰褐色、黑色
外观	大小均匀，坚实丰满，粒面光滑完整，少有碎米、爆腰（米粒上有裂纹）、腹白（米粒上乳白色不透明部分叫腹白）无虫，不含杂质	有结块、发霉现象，表面可见霉菌丝，组织疏松
气味	具有正常的香气味，无其他异味	有霉变气味、酸臭味、腐败味及其他异味
滋味	味佳，微甜，无任何异味	有酸味、苦味及其他不良滋味

优质面粉色泽呈白色或微黄色，不发暗，无杂质的颜色。呈细粉末状，手指捻捏无粗粒感，无虫子和结块，置于手中紧捏后放开不成团。具有面粉的正常气味，无异味、无霉味。味道可口，淡而微甜，没有发酸、刺喉、发苦、发甜以及外来滋味；咀嚼时没有沙声，见表 5—2。

表5—2　　面粉的感官检验

项目	合格	不合格
色泽	呈白色或微黄色，不发暗，无杂质	呈灰白或深黄色，发暗，色泽不均
外观	呈细粉末状，不含杂质，手指捻捏时无粗粒感、无虫子和结块，置手中紧捏后放开不成团	面粉吸湿后霉变，有结块或手捏成团
气味	具有正常的香气味，无其他异味	有霉臭味、酸味、煤油味以及其他异味
滋味	味道可口，淡而微甜。无发酸、刺喉、发苦、发甜以及其他异味，咀嚼无沙声	有苦味、酸味、发甜或其他异味，有刺喉感

玉米的感官检验见表5—3。

表5—3　　玉米的感官检验

项目	合格	不合格
色泽	具有各种玉米的正常颜色，色泽鲜艳，有光泽	颜色灰暗无光泽，胚部有黄色或绿色、黑色的菌丝
外观	颗粒饱满完整、均匀一致，质地紧密，无杂物	有多量生芽粒、虫蚀粒或发霉变质粒，质地疏松
气味	具有玉米固有的气味，无任何其他异味	有霉味、腐败变质味或其他不良异味
滋味	具有玉米固有的滋味，微甜	有酸味、苦味、辛辣味等不良滋味

2. 豆类及其制品验收的卫生管理

（1）豆类的卫生问题

豆制品富含各种营养成分且多为手工操作、卫生条件差，为微生物生长繁殖提供了良好的条件。腐败菌使豆制品在夏秋季短时间内出现发黏、变色、酸味等腐败现象。

我国豆制品生产中使用的食品添加剂有凝固剂、漂白剂等。常用的传统凝固剂有卤水、石膏，其质量不合格的可引起铅、砷、汞等重金属污染。为了使豆腐能连续化、机械化生产，现在使用右旋葡萄糖酸内酯，其安全性较高。

目前，豆浆加水，豆腐制作时加米浆或纸浆，点制豆腐脑时加尿素，豆芽生长过程中使用尿素、硝酸盐和硫酸等化肥等，这些卫生问题非常普遍，须引起注意。

(2) 豆制品的感官检验

首先观察色泽有无改变，然后手摸有无发黏的感觉以及发黏程度。其次应注意鉴别气味和滋味，不同品种的豆制品具有本身持有的气味和滋味，一旦豆制品变质，气味和滋味都会发生变化，即可通过鼻和嘴感觉到。所以，感官鉴别豆制品时，应注意鼻嗅和品尝，见表 5—4。

表 5—4　　豆制品的卫生质量鉴别

品名	良质	次质	变质
豆腐	块形完整，富有一定弹性，质地细嫩，结构均匀，无杂质。刀口干净，不碎。脱套圈，揭布后不坍	块形基本完整，粗糙，弹性差，表面发黏	块形不完整，组织粗糙松散，触之易碎，无弹性，发馊或豆腥味强
豆腐干	表面不发毛，肉质坚紧，切口挤压不出水	表面发黏，略有酸臭味，或刀口挤压有水流出，但无异味	严重黏滑，发糊，拉开后，内部也有酸臭味
千张（百页）	紧密细腻，薄厚均匀，不粘手	不成整张，面上略发黏	黏滑，起糊，有酸臭味
素肠	不出水，表面光洁坚韧	质不坚韧，表面稍粘手，但无异味	发黏，有酸馊味
素鸡	切口光亮，无裂缝，无破皮，无重碱味	切口可见较多裂缝，有碱味，质松碎	表面发黏，有严重酸臭味
油豆腐	皮薄软，不实心，黄橙发亮	表面色暗，中心较硬	哈喇味，发滑，黏糊
豆腐衣	不破碎，有光泽，柔软，无霉点	破碎，色泽较暗，有轻度异味	有严重霉变和霉蒸气味
黄豆芽	芽身挺直，颜色洁白	豆芽上端部分豆瓣有烂斑，基部略带浅棕色	霉烂出水，有腐烂气息
绿豆芽	双芽不超过 10%，无红眼，芽脚不软，无烂豆，白净，有主根及须根	双芽超过 10%，芽脚软萎，有少量烂豆	豆芽全株萎软，出水，有异味（注：用农药孵的豆芽主根不明显，无根，茎部有皱皮、水泡）

3. 蔬菜水果验收的卫生管理

(1) 蔬菜水果的卫生问题

1) 蔬菜水果的腐败变质。蔬菜水果采收后，仍进行着呼吸作用，从而使蔬菜水果腐烂变质。微生物也可促进蔬菜中硝酸盐还原成亚硝酸盐，不仅加速蔬菜水果的腐烂，人食用后还可引起食物中毒。所以，新鲜蔬菜水果不宜长期储存在室温下，应及时食用或冷藏。储藏时应防止损伤，经常检查，及时剔除已腐败变质的蔬菜水果。冷藏时要注意选择最适的冷藏温度，避免冻伤蔬菜水果组织。

2）肠道致病菌和寄生虫卵的污染。蔬菜栽培中，常以人畜粪便作肥料，致使肠道致病苗和寄生虫卵污染比较严重。水果虽然多生长在树上，但在采摘、运输过程中接触到土壤或放置在受污染的容器中，也会受到污染。所以，蔬菜水果在食用前，尤其是生食时，应彻底洗净消毒，水果应削皮后吃。

3）农药和含氮化肥的污染。蔬菜水果在栽培、种植过程中，各种农药的污染相当严重，所以应严格掌握农药使用量，喷洒农药后，必须达到安全间隔期，才能收获，食用前应彻底清洗，适当浸泡后方可食用。

4）生活污水和工业废水的污染。生活污水和工业废水用于灌溉田地，虽然可以增加肥料，但生活污水可引起肠道致病菌及寄生虫卵的污染，工业废水可带来汞、铅、镉和酚类等有毒物质污染，因此生活污水和工业废水必须经处理达到要求后方可用于农田灌溉。

餐饮企业在大批量购进或长时间从某一蔬菜种植基地购进时，应向供应商索取有关能证明蔬菜食用安全的文件。有助于证明蔬菜食用安全的文件主要包括：①农业生产主管部门颁发的农业种植示范区证书；②无公害食品或绿色食品证书；③蔬菜种植者有关合理使用农药的内部管理制度等；④该批蔬菜的农药、污染物残留量检测报告，重点核查的指标包括高、中毒农药残留指标。

（2）蔬菜水果的感官检验

蔬菜水果的感官检验是主要观察蔬菜的色泽、气味、滋味和形态。优质蔬菜鲜嫩，无黄叶，无伤痕，无病虫害，无烂斑。次质蔬菜梗硬，老叶多，枯黄，有少量病虫害、烂斑和空心，挑选后可食用。变质蔬菜严重腐烂，呈腐臭气味，亚硝酸盐含量增多，有毒或严重虫蛀、空心，不可食用。

优质水果表皮色泽光亮，肉质鲜嫩、清脆、有固有的清香味。次质水果表皮较干，不够光泽丰满，肉质鲜嫩度差，清香味减退，略有小烂斑点，有少量虫伤，去除腐烂、虫伤部分，仍可食用。变质水果严重腐烂、虫蛀、变味、不可食用。

1）色泽。各种蔬菜水果都应具有该品种固有的颜色，新鲜蔬菜水果大多有发亮的光泽，这说明蔬菜水果有较好的成熟度及鲜嫩程度。除杂交品种外，如发现蔬菜水果色泽异常，说明蔬菜存在一定的卫生或其他质量问题。

2）气味。多数新鲜蔬菜水果具有清香甘辛香、甜酸、香甘气味，无腐烂变质味和其他异常气味。

3）滋味。多数新鲜蔬菜水果滋味甘淡、甜酸，清爽鲜美，少数具有辛酸、苦涩等特殊滋味。如失去本品种原有的滋味即为异常，但改良品种应除外。

4）形态。各种蔬菜水果品种均应具有该品种所特有的植物学形态特征。当蔬菜水果新鲜度下降或发生病变、虫害、损伤时，就会出现蔫萎、枯塌等异常。所以，蔬菜水果的形态也是鉴别蔬菜水果新鲜度及品质的重要方法之一。

二、动物性原料验收的卫生管理

1. 畜禽肉验收的卫生管理

（1）畜禽肉的卫生问题

动物宰杀后，其肉品经历僵直、成熟、自溶和腐败 4 个阶段的变化。前两个阶段的肉品为新鲜肉。肉品达不到适宜储藏条件时容易腐败变质。腐败的主要原因是细菌污染所引起。腐败变质的肉品多具有不良感官性状，并可产生细菌毒素，严重时不能食用。禽类宰杀后，其僵直、成熟期较畜肉短，因此比畜肉更易腐败变质。禽类体表污染的细菌主要是假单胞杆菌，冻禽冷藏时，只有该菌能够生长繁殖，使肉发绿、发臭、发黏。所以腐败的禽肉多呈绿色。没有摘取内脏的禽肉，腐败变质速度更快。因此禽类宰杀后应立即取出内脏，若不马上烹调，须及时冷藏或冷冻。

肉类食品中化学物质主要包括饲料的农药残留、防治疾病的抗生素和促进生长的动物激素。以上物质残留在牲畜的肌肉及内脏组织中，食用后可引起人体过敏反应、致畸、致癌等严重危害。

在加工制作各种肉制品时，直接与炭火接触或烟熏，可受到多环芳烃族化合物的污染。为了护色及防腐的需要，加入硝酸盐或亚硝酸盐作发色剂，可引起亚硝酸盐食物中毒，而且亚硝酸盐和胺类物质还可形成致癌物亚硝胺。

畜禽肉的掺假表现在注水，活鸡活鸭就灌小石子，用染料或添加色素给禽肉品上色等。

（2）畜禽肉的感官检验

1）死畜肉。死畜肉指牲畜因各种原因死后屠宰的肉品。由于未经放血或放血不彻底，死畜肉外观呈暗红色，肌肉间毛细血管淤血，切开肌肉按压时，有暗紫色淤血溢出，切面不干燥，呈豆腐样，肌肉无弹性。

死畜肉必须确定死亡原因后才能作出相应的卫生处理。如为一般性疾病或物理性死亡，而肉品未出现腐败变质迹象，内脏废弃，肉须经高温处理后可以食用；如死因不能确定的死畜肉，其肉品不得食用。

2）注水畜肉。注水畜肉肌肉色泽浅淡，外观湿润，具有渗水光泽，肌纤维肿胀，切面可见血水渗出；指压后凹陷恢复缓慢；注水后的刀切面，有水顺刀流出；如果是冻肉，肌肉间有冰块残留。注水后的畜肉较正常鲜畜肉味淡，煮后肉汤混浊，脂肪滴不匀，缺少香味，有的上浮血沫，有血腥味。如用吸水性较好的纸覆盖于切面，纸张很快浸湿且不易点燃出明火者，即为注水猪肉。

3）鲜肉。鲜肉指畜类屠宰后，经兽医卫生检验符合市场鲜销的肉品。肉品鲜度，可分为新鲜肉、次鲜肉和变质肉3种，见表5—5。

表 5—5　　鲜肉的卫生质量鉴别

指标	新鲜肉	次鲜肉	变质肉
色泽	肌肉有光泽，红色均匀，脂肪洁白	肌肉色稍暗，脂肪缺乏光泽	肌肉无光泽，脂肪灰绿色
黏度	外表微干或微湿润，不粘手	外表略湿，稍粘手	外表发黏起腐，粘手
弹性	指压后凹陷立即恢复	指压后凹陷恢复慢且不完全恢复	指压后凹陷不能恢复，留有明显痕迹
气味	具有鲜肉正常气味	略有氨味或略带酸味	有臭味
肉汤	透明澄清，脂肪团聚于表面，具有香味	稍有混浊，脂肪呈小滴浮于表面，稍有哈喇味	混浊，有絮状物，不见脂肪滴，有臭味

4）内脏。内脏的卫生质量鉴别见表 5—6。

表 5—6　　内脏的卫生质量鉴别

质量	良质	次质
肠	乳白色，稍软，略带坚韧，黏液无异味，无脓点和出血点，无伤斑	淡绿色或灰绿色，组织软化，无韧性，易断裂有腐败臭味
胃	乳白色，黏膜清晰，质地结实，较强韧性，无异臭，无血块及污物	灰绿色，黏膜模糊，组织松弛，易破，无光泽，有臭味
肝	棕红色或淡黄色，有光泽，有弹性，组织结实，切面整齐，无异味	青绿色或灰褐色，无光泽，无弹性，组织松软，切面模糊，有腥臭味
心	淡红色，脂肪乳白色或微红色，组织结实，有弹性，无异味	红褐色或绿色，组织松弛，无弹性，有异臭
肺	粉红色，有弹性，有光泽，无异臭	灰绿色，无弹性，无光泽，有异臭
肾	淡褐色，有光泽，有弹性，组织结实，无异臭	灰绿色，无光泽，组织松弛，无弹性，有臭味

5）鲜禽肉。鲜禽肉的卫生质量鉴别见表 5—7。

表 5—7　　鲜禽肉的卫生质量鉴别

指标	新鲜肉	次鲜肉	变质肉
眼睛	眼球饱满，角膜透明	眼球稍陷，角膜稍混浊	眼球凹陷，角膜混浊
色泽	肌肉因品种不同呈淡黄、淡红、灰白、灰黑色，有光泽，脂肪黄色	肌肉色稍暗，脂肪缺乏光泽	肌肉无光泽，脂肪灰绿色
黏度	外表微干或微湿润，不粘手	外表略湿，稍粘手	外表发黏起腐，粘手

续表

指标	新鲜肉	次鲜肉	变质肉
弹性	指压后凹陷立即恢复	指压后凹陷恢复慢且不完全恢复	指压后凹陷不能恢复，留有明显痕迹
气味	具有鲜禽肉正常气味	略有氨味或略带酸味	有臭味
肉汤	透明澄清，脂肪团聚于表面，有香味	稍有混浊，脂肪呈小滴浮于表面，稍有哈喇味	混浊有絮状物，不见脂肪滴，有臭味

6）健康活鸡与病活鸡。健康活鸡与病活鸡的卫生质量鉴别见表 5—8。

表 5—8　　健康活鸡与病活鸡的卫生质量鉴别

项目	健康鸡	病鸡
体貌鉴别	鼻孔干净无鼻水，鸡冠朱红色，头羽紧贴，肛门黏膜肉色，不流口水，口腔无红点	鼻孔有水，鸡冠变色，肛门有红点，流口水
动态鉴别（提翅）	挣扎有力，双腿收起，鸣声长而响亮，有一定质量	挣扎无力，腿伸而不收，鸣声短促而嘶哑，肉薄身轻
静态鉴别	呼吸不张嘴，眼睛干净而灵活有神	不时张嘴，眼球混浊，眼睑浮肿

7）健康禽肉与病死禽肉。健康禽肉与病死禽肉的卫生质量鉴别见表 5—9。

表 5—9　　健康禽肉与病死禽肉的卫生质量鉴别

项目	健康禽肉	病死禽肉
鸡冠肉髯	粉红色或微黄色，鸡冠挺直	发紫或苍白色，粗糙，萎缩
鸡头	光细洁净	粗糙，有黑紫色结痂
眼睛	多微闭，眼睑清洁，眼球充实，角膜有光泽	眼睛全闭，眼球凹陷，角膜混浊，有分泌物
皮肤体形	皮肤干燥紧缩，色新鲜，体形丰满圆润	颜色紫红，缺乏光泽，体形干枯
肌肉	色泽气味正常	不正常，肌肉中有粟粒大小结节
泄殖孔	紧缩清洁	松弛或污秽不洁，褪毛后留下粗糙痕迹

8）活禽屠宰与死禽冷宰。禽类因各种病死、毒死、物理性死亡及不明原因死后宰杀称为死禽冷宰。活禽屠宰与死禽冷宰的质量鉴别见表 5—10。

表 5—10　　活禽屠宰与死禽冷宰的质量鉴别

项目	活禽屠宰	死禽冷宰
放血	放血良好彻底，切口不平整	放血不良、不彻底，切口平整
切面	周围组织被血液浸润，呈鲜红色	周围组织无浸润血液，呈暗红色
皮肤	表面干燥紧缩，无淤血点	表面粗糙，可见淤血点（紫斑块）
脂肪	淡黄色，看不见小血管	暗红色，看得见小血管
胸肌腿肌	切面干燥有弹性，有光泽，肌肉微红色	切面不干燥无弹性，暗红色，暗紫色淤血溢出
卫生处理	可食	疾病、中毒死亡或不明死因禽类一律不得食用

2. 水产动物验收的卫生管理

（1）水产动物的卫生问题

水产动物死后也要经历僵直、成熟、自溶和腐败 4 个阶段的变化，但由于其体内水分含量高，酶活性高，pH 值较高，且生产环境较为复杂，因此各阶段的时间比畜肉短，较畜禽肉更易腐败变质。

农田使用农药、工业废水和生活污水未经处理或处理不当直接排放，可污染水域。水产品能从水域中摄入汞、铅、铜等重金属及农药，并经生物浓集作用，其含量浓度可远远超过水域中的浓度。农药污染一般淡水鱼类比海产鱼类污染程度高。

水产品还易受各种病原微生物污染。如海产品易受副溶血弧菌污染，引起我国沿海地区夏秋季最多见的食物中毒。牡蛎、毛蚶、泥蚶等贝壳类水产品较易受到甲肝病毒的污染，引起甲肝暴发流行。华支睾吸虫（肝吸虫）的囊蚴寄生在淡水鱼虾体内，卫氏并殖吸虫（肺吸虫）的囊蚴寄生在淡水蟹类和喇蛄体内，当生食或半生食感染幼虫的这些鱼类时，人就可感染这类寄生虫病。

加之有些水产品体内含有天然毒素。有些水产品原本无毒，但其摄入有毒藻类后，带有较强的毒性。有些水产品原本无毒，但其腐败变质后，体内会产生有害物质，如青皮红肉鱼类腐败时产生大量组胺。

（2）水产动物的卫生质量鉴别

1）鲜鱼。鲜鱼的卫生质量鉴别见表 5—11。

表 5—11 鲜鱼的卫生质量鉴别

项目	新鲜	次鲜	变质
表面	有光泽，有清洁透明的黏液，鳞片完整不易脱落，具有海水鱼或淡水鱼固有的气味	光泽较差，有混浊黏液，鳞片较易脱落，稍有异味	暗淡无光，有污秽黏液，鳞片脱落不全，有腐败臭味
眼睛	眼球饱满、凸出，角膜透明	眼球平坦或稍陷，角膜稍混浊	眼球凹陷，角膜混浊
鳃	色鲜红、清晰	色淡红、暗红或紫红，有黏液	呈灰褐色，有污秽黏液
腹部	坚实，无胀气、破裂现象，肛孔白色凹陷	发软，但膨胀不明显，肛孔稍凸出	松软、膨胀、肛孔凸出，有时破裂流出内脏
肉质	坚实，有弹性，骨肉不分离	肉质稍软，弹性较差	软而松弛，弹性差，指压时形成凹陷不恢复，骨肉分离

2）鲜虾。鲜虾的卫生质量鉴别见表 5—12。

表 5—12 鲜虾的卫生质量鉴别

质量	新鲜	次鲜
头胸节与腹节的连接程度	头体连接紧密	头体连接松弛
体表色泽	青白色或青绿色，外壳清晰透明	虾体泛红，透明度较差
体表是否干燥	手摸有干燥感	手摸有滑腻感
伸屈能力	有	无

3）鲜蟹。鲜蟹的卫生质量鉴别见表 5—13。

表 5—13 鲜蟹的卫生质量鉴别

质量	新鲜	次鲜
肢与体的连接程度	连接紧密，提起蟹体时，步足不松弛下垂	连接松弛，提起蟹体时，步足松弛下垂
胃印	无	有
蟹黄是否凝固	凝固	半流动状
鳃	鳃色洁净，鳃丝清晰	鳃色不洁，鳃丝粘连

4）鱼类制品。鱼类制品的卫生质量鉴别见表 5—14。

表 5—14　鱼类制品的卫生质量鉴别

名称	新鲜	变质
咸鱼	鱼体无伤痕，鱼鳞完整，体表光亮，呈白色，肉质紧密、坚实，肌纤维清晰，无破肚离骨现象，有咸鱼固有的香味	鱼体有伤痕，鱼鳞不完整或大部分脱落，体表暗淡无光，发黄，肉质疏松，有黏性，有破肚离骨现象，有哈喇味或臭味
鱼干	外表洁净，有光泽，鳞片紧贴，肉质干燥，紧密，呈白色或淡黄色	外表污秽，暗淡无光，鳞片脱落，肉质疏松，呈黄色、深黄色或发红
虾米	味淡且鲜美，外表洁净，呈淡黄色有光泽，无搭壳现象，肉质干燥、紧密、坚硬，无异味	碎米多，表面潮湿，暗淡无光，呈灰褐色或黄褐色，搭壳严重，肉质松软，有异味或霉味
虾皮	外壳洁净，有光泽，呈淡黄色，体形完整，尾弯成钩状，头部与躯体紧连，紧握一把后松开能自动散开，无杂质，无异味	外壳污秽，暗淡无光，呈苍白色或淡红色，体形不完整，紧握一把后松开相互粘连不易散开，有异味或霉味
海蜇	色泽光亮，呈淡黄色，质地坚实且脆	外表发黑，有脓样液，质地发软易碎裂，腐臭味

3. 蛋类的感官检验

（1）蛋类的卫生问题

蛋壳表面细菌很多，尤其易受沙门氏菌的污染。水禽蛋感染率较高，不得用做糕点原料。饲料受农药、重金属污染，以及饲料本身含有的有害物质可以向蛋内发生转移和蓄积。生蛋清中抗生物素、抗胰蛋白酶妨碍生物素的吸收，抑制胰蛋白酶活性，当蛋煮熟后，这两种物质可被破坏。对有异常气味、颜色的蛋类，特别是松花蛋，不可食用。

（2）蛋类的感官检验

感官检验法包括眼看、手摸、耳听和鼻闻 4 种方法。

1）眼看。新鲜蛋蛋壳应完整，颜色正常，略有一点粗糙，蛋壳上有一层霜状物。如果蛋壳颜色变灰变黑，说明蛋内容物已腐败变质。如果蛋壳表面光滑，说明该蛋已孵化过一段时间。于暗室里将蛋放在照蛋器上的光线小孔处，利用蛋对光线有半透过性，把蛋上下左右前后轻轻转动，观察蛋壳是否有裂缝、气室的大小、蛋的透明度、蛋黄移动的影子和其他异常现象的发生。鲜蛋的气室之径小于 11 毫米，整个蛋呈微红色，蛋黄略见阴影或无阴影，且位于中央，不移动，蛋壳无裂纹。

2）手摸。用手摸蛋的表面、试质量、试重心。如果蛋壳手摸光滑，则一般为孵化蛋；蛋放在手中掂质量，若较轻则说明蛋因存放过久而水分蒸发为陈蛋，较重则表明蛋为熟蛋或水泡蛋。把蛋放在手心翻转几次，若始终为一面朝下，则为贴壳蛋。

3）耳听。把蛋与蛋轻轻互相碰击，若发出清脆声，则为鲜蛋；哑声则为裂纹蛋；空空声则为水花蛋；嘎嘎声则为孵化蛋。

4）鼻闻。用嘴对蛋壳哈一口热气，再用鼻子闻其味，若有臭味则为黑腐蛋；若有酸味则为泻黄蛋；若有霉味则为霉蛋；若有青草味或异味，则说明蛋与青饲料放在一起或在有散发特殊气味的环境中储藏。

5）打开。将鲜蛋打开，内容物置于平皿上，观察蛋黄与蛋清的颜色、稠度、性状，有无血液，胚胎是否发育，有无异味等。鲜蛋的蛋清与蛋黄色泽分明，无异常颜色。蛋黄呈圆形凸起而完整，蛋清浓厚、系带粗白有韧性，紧贴蛋黄两端。

（3）皮蛋的感官检验

优质皮蛋包料和外壳应完整，无霉点。蛋上抛落下时有弹性感，摇晃时无动荡感。蛋白凝固，不粘壳，清洁有弹性，呈半透明的棕黄色，有松花样纹理。蛋黄呈淡褐或淡黄色，中心较稀。气味芳香，无辛辣味。若皮蛋无弹性且感觉轻飘，或耳听有水响声则为劣质蛋。凡是腐败发臭、发霉、液化的皮蛋不得食用。皮蛋保存期限一般为 2～3 个月。

（4）咸蛋的感官检验

咸蛋经灯光透视蛋黄应呈鲜红色，圆如球形，蛋黄靠一边，蛋黄浓缩且质地硬，蛋白应清亮透明。咸蛋煮熟后蛋白白嫩，蛋黄食用时有细沙感，富有油脂，清香适口。散黄咸蛋若无腥臭味或呈水样咸蛋未出现腐败变质现象，均可煮熟后食用。如果出现蛋白、蛋黄全部发黑或全部水样的蛋，则禁止食用。

4. 乳类的感官检验

（1）乳类的卫生问题

奶及奶制品营养丰富，适宜微生物的生长繁殖。减少微生物的污染是防止奶类腐败变质的有效措施。

由于动物饲料、外界环境日益受到农药的污染，牛奶中农药残留量增加。为增加奶牛的产奶量和质量而添加动物激素后，会造成牛奶中动物激素的残留，引起食用者不良反应。奶牛患病时使用抗生素，也可在牛奶中被检出，对人体带来不良影响。此外，奶牛饲料也容易受到来自环境的金属毒物和放射性物质的污染，以及霉菌和霉菌毒素的污染，从而对奶造成污染。

（2）乳类的感官检验

1）鲜奶。优质鲜奶为乳白色或略带微黄色的均匀胶态液体，无沉淀、无凝块、无杂质，具有鲜奶特有的香味和滋味，无异味。

2）全脂奶粉。全脂奶粉应为色泽均匀的干燥粉末，浅黄色。粉粒大小均匀，手感疏松，无结块，无杂质。冲调后呈均匀胶状液，无团块、杯底无沉淀并具有纯正奶香味。若有苦味、腐败味、霉味、化学药品和石油等气味时，禁止食用。

3）甜炼乳。甜炼乳为乳白色或微黄色，有光泽。组织细腻，质地均匀，黏度适中，无脂肪上浮，无乳糖沉淀，无杂质，具有纯正的乳香味。若有苦味、腐败味、霉味、化学药品和石油产品等气味或真胖听甜炼乳应废弃。

4）酸奶。酸奶呈乳白色或稍带微黄色，具有纯正的乳酸味，凝块均匀细腻，无气泡，允许少量乳清析出。若酸奶表面生霉、有气泡和大量乳清析出时，不得出售和食用。

5）奶油。正常奶油为均匀一致的浅黄色，有光泽，组织均匀紧密，稠度、黏性和延展性适宜，切面无水珠，边缘与中心部位均匀一致，具有奶油的纯香味。凡有霉斑、腐败、异味（苦味、金属味、鱼腥味等）应废弃。

三、其他烹饪原料验收的卫生管理

1. 油脂验收的卫生管理

（1）油脂的卫生问题

1）油脂酸败。油脂因含有杂质或在不适宜条件下久藏，可发生一系列化学变化和感官性状恶化，称为油脂酸败。酸败产物使油脂带有不愉快的哈喇味。油脂中的亚油酸、维生素 A、维生素 E 在酸败过程中遭到破坏，且酸败产物影响体内正常代谢，危害人体健康。

2）为了防止油脂酸败，首先要确保油脂纯度，尽量避免动植物组织残渣的存在；控制水分含量，防止微生物污染。其次要采用正确的储存方法，如密封、隔氧、避光、低温、隔绝重金属或者添加抗氧化剂等。

3）高温油脂。油脂高温加热后一是感官性状会发生变化，如油脂变黑、变黏稠、易起油烟等。二是营养价值降低，必须脂肪酸和脂溶性维生素遭到破坏，油脂的消化吸收率降低。三是产生有害气体，具有强烈刺激性臭味，随油烟一起挥发对人体带来危害。四是产生大分子聚合物和多环芳烃化合物，毒性较强，可能有致癌作用。

为了防止高温加热油脂的毒性，应选用发烟温度较高的油脂，精炼过的植物油发烟点都较高。油炸油煎温度不宜超过 190℃。减少反复使用次数，随时添加新油，并注意清除漂浮的食物碎屑和底部沉渣，以防止聚合物的大量生成。

4）油脂本身。油料种子在储藏过程中，极易受霉菌污染并大量生长繁殖，产生毒素。或天然存在于油料种子中的有毒物质，在制油过程中转入油脂。其中最突出的即为棉籽油中的棉酚。棉酚的毒性体现为使人体皮肤灼热难忍，无汗或少汗，同时伴有心慌无力、肢体麻木、头晕、皮肤潮红、气急等，并可降低生殖功能。

预防方法是不食用粗制棉籽油，而应食用经过炒、蒸或碱炼后的棉籽油。

（2）食用油脂的质量鉴别

1）植物油。正常植物油的色泽一般为黄色，但颜色有浅有深，花生油为淡黄色至棕黄色，大豆油为黄色至橙黄色，菜籽油为黄色至棕色，精炼棉籽油为棕红色或红褐色，玉米油为淡黄色，葵花籽油为浅黄色。冷榨油无味，热榨油有各自的特殊气味，如花生油有花生香味、芝麻油有芝麻香味，油料发霉、炒焦后制成的油，带有霉味、焦味，所以优质油脂应无焦臭味、霉味、哈喇味。浸出油脂若带有汽油味，不得销售和食用。取油样滴在舌尖上以辨别油的滋味，正常植物油不带任何异味，无苦、辣、刺激味。发霉油料制成的油带苦味，酸败油脂带有酸、苦、辣味。正常油脂是透明状液体，无沉淀，不混浊。透明度越高，油脂质量越好。

2）动物脂。正常动物脂肪为白色或微黄色，有特有的气味、滋味、无焦味和哈喇味。

2. 调味品验收的卫生管理

（1）酱油

酱油应具有正常酿造酱油的色泽、气味和滋味，无不良气味，不得有酸、苦、涩等异味和霉味，不浑浊，无沉淀，无霉化浮膜。

（2）酱

酱应具有正常酿造酱的色泽、气味和滋味，无不良气味，不得有酸、苦、焦煳及其他异味。

（3）食醋

食醋应具有正常酿造食醋的色泽、气味和滋味，不涩，无其他不良气味和异味，不浑浊，无悬浮物及沉淀物，无霉化浮膜，无“醋鳗”“醋虱”。

（4）味精和食盐验收的卫生管理

味精即谷氨酸钠，是人们常用的增鲜物质。味精应具有正常味精色泽和滋味，不得有异味及夹杂物。

食盐中的钙、镁盐含量不能超标，否则有苦涩味；其中所含重金属、氟等过高会导致中毒。

学习单元 4　烹饪原料储存卫生控制

学习目标

➢ 熟悉食品腐败变质的概念及防腐方法。

➢ 能够进行烹饪原料储存卫生控制。

知识要求

食品的腐败变质与防腐的方法

餐饮企业尤其是大中型餐饮企业采购原料时往往是批量购进，放入库房储存，选择适当的储存场所、设施及环境进行储存和保藏，保持原料的新鲜和卫生，是满足消费者营养和安全的需要，也是餐饮企业经营和发展的需要。

食品受到各种污染后，很容易发生腐败变质。食品腐败变质是指在微生物为主的各种因素影响下，食品成分与感官性状发生各种变化，降低或丧失食用价值的过程。富含蛋白质的肉、鱼、禽、蛋等原料腐败的特征主要是发出恶臭；碳水化合物性烹饪原料在细菌和酵母的作用下，以产酸发酵为其基本特征；油脂等以脂肪为主的食品，一般不适合微生物的增殖，主要是通过自动氧化导致酸败。

食品腐败变质是食品储藏中最为常见的问题。烹饪原料储存卫生管理指为防止其腐败变质，延长可用的期限而采取的卫生控制措施和方法。

1. 低温保藏

低温保藏是烹饪原料防腐常用的储藏方法，即通过降低保藏的环境温度，以降低或停止微生物的增殖速度，降低原料中酶的活力和一切化学反应的速度，达到延缓其腐败变质的目的。低温保藏常采用冷藏或冷冻方法，鲜活原料主要采用这种方法来保藏。

冷藏是预冷后的原料在高于冰点（0℃）中进行储藏的方法。一般温度为−2～15℃，常用温度为4～8℃，储藏期一般在几天至数周。冷冻是采用原料冻结后，在保持冻结状态的温度下储藏的方法。常用温度为−12～−23℃，以−18℃最适用，可数月或数年储藏食品。

新鲜的动植物性烹饪原料均适用于低温冷藏，如肉类、水产类。用冷水或冰进行低温保藏时，为保证冷冻原料的质量要保证水和冰的卫生质量相当于饮用水标准。

2. 高温保藏

高温保藏是将烹饪原料经高温处理，杀灭食品中微生物并将酶破坏，以防止食品腐败变质的方法。

高温保藏中常采用高温灭菌法，即用高压蒸汽锅在110～121℃的温度下用约20 min处理食品后，能杀灭芽孢，达到长期保藏食品的目的，如罐头食品。对鲜奶、果汁等食品常采用巴氏低温灭菌法处理，以减少营养成分的破坏，其温度范围为62.8℃加热30 min，或71.7℃加热15 s。此方法只能杀死细菌的繁殖体和致病菌，但不能完全灭菌。

餐饮业在熟制食物的过程中加热彻底，食品几何中心温度超过75℃，可杀灭食物中大量的微生物。但应做到现做现吃，尽量缩短存放的时间。烹饪的热菜肴应该保存在60℃以上，以防止微生物污染。

3. 脱水与干燥保藏

脱水保藏是将原料中的水分降低到微生物生长繁殖所必需的含量以下的一种保藏方法，如对细菌应降至10%以下，酵母为20%以下，霉菌为13%～16%以下。

干燥保藏是将食品中的水分利用热能的传导或对流等方式去湿以后

保藏的方法。为达到保藏的目的，原料环境湿度要控制在70%以下，水分含量应达到：粮、豆在15%以下、面粉13%～15%以下、脱水蔬菜14%～20%、奶粉8%、花生仁8%等。

4. 食品腌渍保藏

食品腌渍保藏是指烹饪原料中加入一定浓度食盐或食糖以提高其渗透压，使之微生物在高渗环境中不能生长繁殖，或使微生物细胞脱水而死亡，从而防止腐败变质。

5. 提高酸度的保藏法

此保藏法是通过对烹调原料进行酸渍及发酵实现的，使烹调原料的pH值维持在一定的酸度范围内，以抑制微生物的生长，达到防腐保藏的目的。

酸渍是用食用酸浸渍烹调原料，在使用中多选用醋酸，其抑制细菌的能力强，对人无害。醋酸浓度为1.7%～2%时，pH值为2.3～2.5，能抑制许多腐败菌的生长。

发酵是利用醋酸菌或乳酸菌使食品中的糖类发酵产酸，使食品呈酸性，抑制微生物的生长而保藏食品。如酸奶、酸菜、泡菜等。

6. 烹调原料辐照保藏

辐照保藏是利用电离辐射，如紫外线、γ射线灭菌、杀虫、抑制发芽等，以延长食品保藏期限的方法。其特点是食品经照射后，温度不上升，可减少营养素的损失，故又称为冷灭菌。

除以上常用的烹调原料保藏方法外，还可采用超声波、添加化学物如防腐剂等方法保藏烹调原料。但应该特别注意，烹调原料是禁止使用防腐剂来保藏的。

能力要求

烹饪原料储存的卫生控制

一、动植物性原料的低温保藏

1. 烹调原料冷藏、冷冻储藏应做到原料、半成品、成品以及烹调原料留样冰箱严格分开，不得在同一冰室内存放。冷藏、冷冻柜（库）应有明显区分标志，标明用途及卫生责任人，落实责任，每日对存放烹调原料进行检查。宜设外显式温度（指示）计，以便于对冷藏、冷冻柜（库）内部温度的监测，并应定期校验，确保冷藏设施正常运转和使用。

2. 烹调原料在冷藏、冷冻柜（库）内储藏时，应做到植物性食品、动物性食品和水产品分类摆放。肉类、水产类分库存放，生食品、熟食品、半成品分柜存放，杜绝生熟混放。冰箱内不得存放未清洗干净的非包装食品。开罐食品或成品、半成品应倒入盛器加盖（或保鲜膜）保存。熟制品应当放凉后再冷藏；自行加工的成品、半成品需要存放时应贴上标签，注明加工日期和保质期限，在规定的时间内使用。

3. 烹调原料在冷藏、冷冻柜（库）内储藏时，为确保食品中心温度达到冷藏或冷冻的温度要求，不得将食品堆积、挤压存放。

4. 用于储藏烹调原料的冷藏、冷冻柜（库），应定期除霜、除臭、清洁和维修，以确保冷藏、冷冻温度达到要求并保持卫生。

二、干货原料的储存

干货泛指用风干、晾晒等方法去除了水分的各类食品及调味品。餐饮原料涉及的各类食物都可制成干货。常见的如去除了水分的玉米、大豆、香菇、木耳、紫菜、花生、辣椒、花椒、桂皮、茴香、桂圆等。

对于干货的储存主要应控制环境因素对食品的影响，包括储存温度、湿度、氧气等，此外还应做好防霉、防蝇、防虫、防鼠工作。

1. 粮食的储存

（1）粮食库的一般管理

粮食进仓时要认真验收，要按类别、等级和入库时间的不同分区堆放，不能混放，并挂牌显示。粮食库要有专人保管，经常打扫，保持室内清洁卫生，建立严格的出库制度。

（2）防鼠、防霉、防蝇、防虫

库内要有防鼠、防霉、防蝇、防虫的措施。粮食库必须是水泥地面，做好防水，库房低温、干燥、通风，以保持粮食干燥，防止霉变和生虫。平房库房必须有防蝇、防鼠、防雀的铁纱窗纱门；墙根基不少于1 m，以防老鼠打洞进入房内。粮食潮湿或有生虫迹象时，应将粮食放在阴凉通风处，不能放在日光下暴晒，以免影响粮食质量。具备防鼠灭鼠措施，有专人负责放药、收药，以免药物混入粮食中造成危害。

（3）存放要求

粮食必须装袋，架高，要求离地面15～20 cm，距墙30 cm，堆与地之间相距50 cm，使堆距之间通风，防止粮食回潮。不能与带有气味或异味的食品，如熏肉、臭豆腐及其他有气味的食品混放。因粮食具有较强的吸异味能力，可将其他异味吸附，从而使得自身气味和滋味发生异常改变，严重者无法食用。

2. 豆类及其制品的储存

（1）干豆

豆类储存以常规储存为主，但在储存期间必须注意干燥除杂，及时通风散热、压盖防潮及防止虫害感染等。

1）干燥降水。含水量是影响豆类储存品质及安全储存期限的直接因素，充分干燥是储存豆类的关键。大豆的安全水分为12.5%，豆粒吸湿很快变软，并引起发热变质。因此，凡接收入库的豆粒，应迅速降水干燥，可通过日晒、机械烘干和机械通风来完成。日晒时间不宜过长，温度不要超过44～46℃，在烘干豆粒时应根据水分高低采用适宜的温度。干燥后应充分冷却降温方可入库。

2）清除杂质。清除杂质也是安全储存干豆的一项重要措施。当豆类中杂质多，特别是破碎粒多时，容易感染虫害，吸湿转潮，引起干豆发热、霉变、生芽、浸油赤变和酸败变质。在脱粒时要尽量减少破碎粒，晒干后要及时把杂质清除干净，以保持豆类纯净、完整，增加耐藏性。

3）通风散热、压盖防潮。在晴天开启仓房门窗、翻扒豆面或进行机械通风，及时散发堆内湿热，防止豆堆结露、返潮、霉变。为防吸湿，可采用数层芦席、草席或塑料薄膜进行铺垫隔湿、覆盖密闭防潮。

4）防治虫害。同于粮食储存。

（2）腐竹、干腐皮等豆制品

腐竹、干腐皮等豆制品一般应在常温、阴凉、通风、干燥处储存，并采取有效的措施以保证仓库内无蝇、无鼠、无有害昆虫。

3. 干制蔬果及真菌类的储存

（1）储存场所应干燥、通风，阴雨天应密闭窗门。

（2）储存场所设置防鼠挡板及防虫纱门、纱窗等卫生设施，定期清扫、灭虫，保持清洁。

（3）储存时间长时，要选择晴天进行翻晒，同时剔除受潮、变质的产品。

（4）码放时与地面、墙壁有一定距离，便于防潮、通风。

（5）如有包装，应保持密封。取用后及时密封还原。

三、调味品类的储存

1. 食用盐、味精及食糖的储存

食用盐及味精等在储存中要妥善保管。存放仓库要通风，防止雨浴、受潮、日晒，堆放的食用盐应上有遮蔽，下有隔板。禁止与能导致食用盐污染的货物共储。食糖还应特别做好防虫设施。

2. 香辛料的储存

香辛料大多为植物原料，有的还取其根茎，且一般都是直接研磨成粉，因此在种植过程中污染的微生物一般都未去除，当储存温度、湿度不当时，这些微生物就会开始繁殖，香辛料容易出现结块、发霉。因此存放要点是仓库一定要通风防潮，防止日晒。

第 2 节　烹饪过程卫生管理

烹饪过程卫生管理，主要包括从烹饪原料初加工、配料、烹调到装盘及食品储存等操作等过程中的卫生管理，还涉及凉菜配制、现榨果蔬汁及水果拼盘制作、点心加工、裱花操作等加工操作的卫生要求。规范加工过程或高风险品种的工艺条件，可以降低或防止菜品中的生物性危害、化学性危害和物理性危害，是保障菜品安全的重要环节。

学习单元 1　烹饪原料初加工卫生控制

学习目标

➢ 掌握烹饪原料初加工卫生控制方法，能够进行烹饪原料初加工卫生控制。

知识要求

烹饪原料来源广泛，种类繁多，大多不能直接进行烹调，必须根据原料种类和菜点要求进行初步处理，才能符合烹饪工艺要求。一般来说，初加工前应认真检查待加工食品，发现有腐败变质迹象或者其他感官性状异常的，不得加工和使用。通过初加工、卫生安全控制，有助于最大限度减少各种危害物，满足烹调要求，保持原料的营养成分，充分合理利用原料，降低原料浪费。

一、鲜活原料初加工卫生控制

1. 整理

蔬菜原料应先摘去黄叶、老叶和病斑菜叶，削皮挖瓤。果蔬去皮可以去除残留在其表皮上的农药，尤其对于生食的果蔬原料，去皮更是有效降低有害物质的方法。

动物原料要清除所带的有害物质，如畜肉表面的病痕、脓疱、血污、甲状腺、肾上腺、淋巴结；禽类要除去腚尖；水产品要刮除体表黏液、鳞片，摘去内脏、苦胆、鱼鳃等。

2. 浸泡清洗

各种烹饪原料在使用前应用流水洗净，动物性原料、植物性原料分池清洗，水产品宜在专用水池清洗，禽蛋在使用前应对其外壳进行清洗，必要时消毒处理。

为去除果蔬表面及浅表层可能存在的农药残留、果实膨大剂、保鲜剂等，应用清水将水果、蔬菜的表面彻底洗净，再在清水或加有少量果蔬专用洗涤液的水中浸泡 10～15 min。用果蔬洗涤液浸泡过的果蔬，应注意用清水漂洗干净。对于生食果蔬原料，在确保原料新鲜的前提下，应注意防止交叉污染，使用符合饮用标准的净水清洗或进行消毒处理，或使用紫外灯照射生食果蔬，有利于提高产品的安全性。对于寄生虫卵较多的蔬菜，将原料放入浓度为 2%的食盐水中浸泡 5 min，由于渗透作用，使寄生虫卵脱落，然后再用清水洗净备用。

3. 洗净装筐

洗净后的原料应放入可沥水的容器内，排列整齐，利于切配，盛放果蔬原料的容器应与动物性原料的容器区分开，防止交叉污染。盛放干净原料的容器不能直接放在地面，应放在离地架上。

4. 切配备用

果蔬原料必须先洗后切，不仅能够防止营养素的损失，而且可以避免污水中的危害物从组织切面重新又渗透回果蔬组织中。切配好的原料应按照加工操作规程，在规定时间内使用。易腐食品应尽量缩短在常温下的存放时间，加工后应及时使用或冷藏。

生熟原料的加工工具及容器应分开使用并有明显标志，避免交叉污染；如刀、墩、案、抹布等要分开使用。大型饭店、餐馆及大食堂要专门设立熟食间和凉菜拼摆与切配间，必须严格做到专人、专墩、专案、专刀、专抹布等。

二、冷冻原料初加工卫生控制

动物性原料富含蛋白质、脂肪、水分等营养成分，极容易被微生物利用，但冷冻条件下可延缓食物腐败变质，因此对于动物性原料，餐饮企业通常采用冻结方式保存，使用方便，保质期长。在烹调加工之前，冷冻的原料必须经过解冻才能使用。解冻原料由于组织细胞破坏，汁液流失，微生物生长迅速，很容易腐败变质，因此只有采用合理的解冻方法，才能减少微生物污染，确保解冻后原料的安全。解冻后的原料后续加工同鲜活原料，但注意解冻后的原料不可复冻。常见的解冻方法及其特点见表 5—15。

表 5—15　　常见的解冻方法及其特点

解冻方法	解冻原理	特点	对食品安全的影响
空气解冻	以空气作为传热介质，可分为室温下解冻和冷藏条件下（0～10℃）解冻两种方式	空气导热性差，解冻慢，有利于解冻后汁液回到细胞内，减少营养素损失	室温下解冻，易导致微生物大量增殖，影响食品安全；采用冷藏条件下（0～10℃）解冻，影响小
水解冻	以水作为传热介质，可分为浸泡解冻和流动水解冻	水的导热性好，解冻快，风味物质流失严重，原料色泽变淡，且吸水溶胀	浸泡水应定时更换，保证水的卫生；流动水解冻，耗水量大，可除去原料表面部分微生物

续表

解冻方法	解冻原理	特点	对食品安全的影响
微波解冻	原料分子在微波电磁场中高频振动，与分子固有运动间产生类似摩擦效应而被加热	加热均匀，热能利用率高，解冻速度快，对原料性质保存好，但耗电量大，费用高	不会引起微生物增殖，可保证原料食品安全

三、干货原料初加工卫生控制

干货原料是新鲜的烹饪原料经过加工干制而成，与鲜活原料相比，具有干、硬、韧、老等特点。干货原料烹制前需经过涨发才能使用。通过干货涨发，使原料重新吸收水分，最大限度恢复原有的鲜嫩、松软的状态，动物性原料涨发后还能去除部分本身的腥臊气味和杂质，改善干货原料的可食性，有助于切配烹调，改善口感，有利于消化吸收。

植物性干货原料主要有菌类、笋类、海带等，其涨发大多使用水发，采用饮用水涨发即可，不同原料按照烹饪工艺要求，使用不同温度的水发制。例如木耳、海带多用冷水涨发，香菇、笋类多用温水涨发，注意涨发时间并定时换水。

动物性干货原料主要有海产品、山珍等。动物性干货原料的涨发方法较多，不同的涨发方法对原料的食品安全产生不同影响。已经涨发的原料，微生物和酶恢复活性，原料容易腐败，不能长期保存，其品质一般低于新鲜食品，食品安全风险增大。

常见干货原料的涨发见表5—16。

表5—16　常见干货原料的涨发

涨发方法		涨发原理	特点	对食品安全的影响
水渗透涨发	水发	使水沿着原来水分蒸发而出的通道进入干货内，在水的渗透作用下，使干货原料膨胀而软韧	水发根据水温的不同有冷水发、热水发、焖发、蒸发等多种。如水发海带、木耳等	可除去原料中的水溶性污染物；若中温长时间涨发，可使微生物活跃加速变质；高温水发有助于杀灭微生物

续表

涨发方法		涨发原理	特点	对食品安全的影响
水渗透涨发	碱发	由于蛋白质具有亲水基团，肌肉类干制品在稀碱溶液中吸水性增强	碱发是利用1%～10%的Na_2CO_3或0.4%的NaOH来涨发；比水发时间短。如碱发鱿鱼	碱性溶液对微生物有抑制作用，碱发后用清水将碱液充分漂洗干净，禁止添加硼砂
热膨胀涨发	油发	利用油作为导热介质，使干货原料受热体积膨胀	油温缓慢升高，火力不宜过旺，防止原料外焦里不透；油发后用温水或碱水浸泡回软。如油发蹄筋	不能使用高温或反复加热过的油脂，防止油脂分解产物污染原料
	盐发	利用盐作为传热介质缓慢升温，使干货原料膨大松脆	大火将盐炒至水干，投入干货原料，中火不停翻炒，边炒边用盐焖，直至发透胀大；盐发后用温碱水浸泡和清水漂洗。如盐发鱼肚、蹄筋等	食盐高温炒制，有助于除去原料表面的杂质和微生物

原料涨发后的原料后续加工同鲜活原料，注意涨发后若出现变色、变味、腐烂、有霉斑等现象，则大多是原料在干制前或干制过程中已发生变质，不得使用。

四、原料腌制的卫生控制

在烹调中常用盐、醋、酒等调味品进行原料的腌制。腌制不但可利用提高渗透压、氢离子浓度和乙醇浓度的原理，达到抑菌和杀菌的目的，而且可使原料中的微生物受到抑制，同时也可改善食品的质地、色泽和风味，延长食物的保存期。因此，一些烟熏、烤制的肉鱼类原料的预处理，包括即时食用的蔬菜类原料，常常利用腌制方法。

1. 盐腌

各种微生物对食盐浓度的耐受能力存在差异。一般情况下，细菌只有极少数是耐盐菌，霉菌和酵母菌的耐盐能力比细菌强得多，霉菌、酵母菌和嗜盐菌经常是腌制食品的主要污染菌。一般认为，单纯利用食盐抑菌，食盐浓度应达到18%～25%，才可以实现阻止微生物生长的目的。

蔬菜腌制时，由于还原菌的作用可将蔬菜中的硝酸盐转变为亚硝酸盐。在一般情况下，5%食盐浓度在温度较高时亚硝酸盐生成量最多；10%食盐浓度时次之；15%食盐浓度时温度已无明显影响，生成量最少。腌制一周以后，亚硝酸盐含量增加，在半个月时达到高峰，半个月后逐渐下降。

某些肉鱼制品腌制时会使用亚硝酸盐作为发色剂和防腐剂，肉类腌制剂中硝酸盐和亚硝酸盐的使用量应严格遵守国家食品安全标准，硝酸盐的使用量不得超过0.5 g/kg，亚硝酸盐的使用量不得超过0.15 g/kg。肉鱼类原料中含丰富的胺类，原料新鲜度越低，胺类物质含量越高，与亚硝酸盐反应合成的亚硝基化合物就越多。

此外，腌肉料中含有的黑胡椒、辣椒粉和其他成分之间可形成亚硝基化合物，因此，在肉鱼类原料腌制前，禁止将各类腌制调料事先混合。

2. 糖渍

糖渍主要是利用糖粉或蔗糖对果蔬原料进行腌制，比如果脯的加工等。当单独使用蔗糖来抑制微生物的生长繁殖时，应使糖液浓度达到60%～65%才能发挥作用。

3. 醋渍

当食品pH值在4.5以下时，多数微生物可被抑制或杀灭。烹调中的醋渍法是向食品中加入醋酸，如醋酸浓度为1.7%～2.0%时，pH值相当于2.3～2.5，可抑制或杀灭绝大部分腐败菌；浓度为5%～6%，可使大部分芽孢菌灭亡。也可利用乳酸菌发酵产酸，来抑制微生物的生长，比如四川泡菜的加工。

4. 醉制

蟹、蚶、螺等水产品，洗净后可以用醉制法加工后食用或保存。这种方法是利用了酒中乙醇的杀菌作用，但需注意酒（黄酒）的用量应高于原料重的50%，并加入适量的食盐，通过乙醇和食盐的联合作用，起到杀灭致病菌的效果。

学习单元 2　冷菜、热菜和面点饭食加工制作的卫生控制

学习目标

➢掌握冷菜、热菜和面点饭食加工制作的卫生控制方法。

知识要求

一、冷菜的卫生控制

冷菜食用时不需加热，但必须严格卫生管理，否则极易成为食物中毒或食源性传染病的原因。冷菜的加工过程可以分为冷制凉食和热制凉食两类。

1. 冷制凉食的卫生控制

冷制凉食（即生凉菜）常以生冷原料用拌、腌等工艺制作或用味碟蘸食，通常以蔬菜等植物性原料居多，如黄瓜、莴苣、折耳根、萝卜、胡萝卜、生菜、菜头、苤蓝等；动物性原料如三文鱼、俄罗斯鲟鱼、象拨蚌、海胆、蚝等也可制作为冷制凉食。

冷制凉食的卫生控制要把好 3 个环节：

（1）保证切配前的食品不被污染

加工前应认真检查待配制的成品凉菜，发现有腐败变质或者其他感官性状异常的，不得进行加工。供加工凉菜用的蔬菜、水果等食品原料，未经清洗处理的，不得带入凉菜间。冰箱要保持清洁和良好的运转状态，切实达到冷藏温度，一般为 5℃左右。但冰箱仅能抑制细菌繁殖，而不能杀死细菌，所以冷藏时间不应过长。

（2）切配过程严防污染

操作人员进入专间前应更换洁净的工作衣帽，并将手洗净、消毒，工作时戴口罩。专间内应当由专人加工制作，非操作人员不得擅自进入专间。防止污染的办法就是切配前进行全面洗涤消毒，包括空气、刀、案板、抹布、容器、手、台面等。若切配时间长，加工量大，应隔一段时间对手、刀、案板等进行一次消毒。使用专用的工具、容器，用后应洗净并保持清洁。专间每餐（或每次）使用前应进行空气和操作台的消毒。使用紫外线灯消毒的，应在无人工作时开启 30 min 以上。

（3）冷菜加工完毕后应立即食用，尽量当餐用完

剩余尚需使用的应存放于专用冰箱内冷藏或冷冻，食用前再加热。加工后的生食海产品应当放置在食用冰中保存并用保鲜膜分隔，加工后至食用的间隔时间不得超过 1 h。

特别提示：

生吃水产品是食源性疾病的一个重要传播途径，应该高度重视动物性原料生吃的危险性，如水产类冷拌菜要特别注意预防副溶血性弧菌性食物中毒、甲型肝炎病毒和寄生虫的感染。生吃水产品和畜禽肉不是科学安全的饮食习惯，应从严控制，并遵守以下原则：

（1）只能食用有长期生食习惯的海产品；淡水产品有污染霍乱弧菌、甲肝病毒的危险，严禁生食淡水产品。

（2）保持绝对新鲜。海产品从打捞出海、运输、储存到加工实现“冷链化”，即保持冰鲜（0℃）状态。生肉必须经过严格检疫并保持新鲜。

（3）鱼类经过去内脏、去头、去鳞后，用净水反复冲洗；贝类、甲壳类也应反复刷洗。

（4）加工过程做到专区、专工具、专人，既要防止对其他熟食品的污染，又要防止对这些生水产品的再次污染。

2. 热制凉食的卫生控制

热制凉食常采用卤、酱、炸收、熏、煮或焯水等工艺，一般动物性原料较多，植物性原料仅有粉条、芹菜、豆芽、豆制品、蒜苗等。热制凉食的卫生控制应把握以下 5 点：

（1）动物性原料必须一次性烧熟透，不得半生半熟或过夜第二天再烧熟，还要防止烧焦原料。

（2）添加剂和调味品应符合卫生要求；在熏烤时严格遵守操作规定，防止化学污染物的形成。

（3）盛器、运输工具、包装材料都应检查，认真清洗和消毒。

（4）切配时严格生熟分开，操作人员和销售人员保持手干净。

（5）未售完部分应妥善保管，第二天应重新加热后方可食用。

二、热菜的卫生控制

在菜点制作中采用适当的加热烹调工艺，如煎炸、烘烤、熏蒸等方法，可以制作出适口悦人、丰富多彩的食品，提高菜点中营养素的吸收利用程度，降低有害物质的产生。但是，若加工方法不当，则可能导致生物性危害不能消除或降低，产生多环芳烃、油脂热聚物、油脂高温加热产生过氧化物、杂环胺等化学危害。常用热加工方法及食品安全控制见表 5—17。

表 5—17　　常用热加工方法及食品安全控制

加热介质	工艺特点	食品安全问题	食品安全控制措施
水	常压下加热温度不超过 100℃，方法多样，加工时间可长可短，如焯水、烧、烩、煮等	短时间加热（如焯水）不彻底，生物性危害不能消除；天然有毒物质没有灭活	确保加热时间足够，断生熟透
蒸汽	封闭状态下利用水蒸气进行蒸制，不宜翻动，可保持原料的营养素和原汁原味	蒸制不彻底，不能消除生物性危害	掌握食物的性状、蒸制火候、时间、原料摆放等的控制

续表

加热介质		工艺特点	食品安全问题	食品安全控制措施
油	过油（半成品加工）	将加工成形原料拌上不同性质的糊浆，采用中或大油量、不同油温加热，获得不同质感的半成品	用油量大，通常为原料的4～5倍以上，200℃以上高温过油，油脂反复加热利用会产生化学危害	控制油温，把握投料数量和油量比例，充分过滤用过油脂，减少反复使用的次数
	炒、爆、熘等	原料多以小块为主，油量中或少，油温高，快速烹制成菜	加热不彻底，难以消除生物性危害	控制食物原料性状、数量及加热油温和时间
	炸	油量大，完全淹没原料，油温高，可达230℃左右	重复用油或过高温度油炸，会产生化学性危害；原料未炸透，会存在生物性危害	控制食物原料性状、油量、油炸温度和时间
	煎贴等	油量少，成菜时间短，原料多成饼状或挂糊的片形	原料受热不均匀，出现焦煳，导致化学性危害产生；加热不彻底，生物性危害没有消除	控制原料性状规格，确保加热熟透，防止焦煳
不同热源	暗炉烤	以煤、木炭、煤气、电作为热源，将原料放于封闭的烤炉内烘烤至熟	烘烤温度过高，有机物分解形成化学有害物；大块原料加热不彻底或焦煳，存在生物性危害或化学性危害	控制烘烤温度和时间；把握大块原料的成熟度；尽量使用电热烘烤
	明火烤	将原料放于敞口的火炉或火盆上，反复烤制熟透	食物与燃料燃烧烟雾直接接触，导致有害化合物的污染；食物原料直接接触火焰或油脂滴落在火焰上，产生有害化合物	选择电炉或无烟燃料，改良食品烟熏剂，不使食物与炭火直接接触

热菜制作应该特别注意急火快炒时不能彻底灭活微生物性污染物的问题。对需要加热熟制的食品如大块肉卷在蒸煮时应使其中心温度达到70℃以上，以杀灭病原生物体。加工时需防止外熟里生或表面烧焦。控制油脂温度，避免长时间地反复使用。对于烧烤类菜肴，要避免食品直接接触火焰和食品中油脂滴落到火焰上。

西餐中的牛排、煎鸡蛋等品种，因风味要求往往不能热透，这些品种食用具有一定危险性。必须尽量保证加热八成熟以上，原料肉必须新鲜，生鸡蛋用前必须经过清洗消毒。扁豆、豆浆等植物性食品常含有天然毒素，需要经高温加热才能破坏。

烹制烧熟的菜肴须立即趁热供应。加工后的热菜成品应与半成品、原料分开存放。熟食品应存放在 60℃以上或 10℃以下的条件下，常温下存放不超过 4 h，超时应在食用前彻底加热。注意冷冻熟食品应彻底解冻后经充分加热方可食用。要妥善保存和处理剩饭菜，再次食用前必须彻底加热，但任何时候不得将回收后的食品，包括辅料和调料，通过加热烹调后再次供应和使用。

三、面点和饭食的卫生控制

（1）加工前应认真检查各种原、辅料，发现有腐败变质或者其他感官性状异常的，不得进行加工，特别是发黄的米面不能加工食用。也不选择自然陈化的米面，否则面点和饭食品质较差。

（2）面点在发酵过程中要防止污染杂菌，用于发酵的容器和案板应定期清洗。

（3）一般不用加碱，即使工艺需要加碱也要适量。

（4）所用食品添加剂，如色素、甜味剂、酸味剂等必须符合食品卫生要求。

（5）馅料应新鲜，未用完的点心馅料、半成品点心，应在冷柜内存放，并在规定存放期限内使用。

（6）烤、炸时应防止焦煳和过度褐变。烘烤时，在烘炉内坯料表面温度达 180～200℃，而其中心温度一般不超过 100℃。随着温度升高，表皮逐渐焦化可产生苯并（a）芘，应加以控制。

（7）蛋糕裱花操作在专间内进行，卫生奶油类原料应低温存放，裱浆和新鲜水果应当天加工、当天使用。水分含量较高的含奶、蛋的点心应当在 10℃以下或 60℃以上的温度条件下储存。蛋糕胚应在专用冰箱中储存，储存温度 10℃以下。植脂奶油裱花蛋糕储藏温度在（3±2）℃，蛋白裱花蛋糕、奶油裱花蛋糕、人造奶油裱花蛋糕储存温度不得超过 20℃。

相关链接

面包、饼干及糕点等具体品种的卫生控制

1. 面包的外皮须滑泽光亮，不出现龟裂，内心不含杂质，孔均匀，有弹性，不可易碎或有粉块。饼干的构造需内外一致，表面无裂缝，不可烤焦或过分苍白，断面成细微的网状层，松脆适宜，不可过硬。禁止用硫黄熏蒸漂白。

2. 面包、饼干及糕点的水分含量应在正常的界限数以内。

3. 面包、饼干及糕点的柔软牵丝或发霉为变质的特征。

4. 面包和糕点中不可有谷物细菌性疾病（“马铃薯病”）及白垩病征象。

5. 面包、糕点不可过酸，咀嚼时不得有沙声。

6. 糕点类甜食中糖精用量应在规定的限数内，必须使用合成色素时，只允许加苋菜红、胭脂红、柠檬黄、苏丹黄或靛蓝，最大使用量为万分之一。用无铝发酵粉如磷酸二氢钙代替明矾。

第3节　厨房卫生管理

学习单元1　厨房员工卫生管理

学习目标

➢掌握厨房员工健康要求、个人卫生和习惯等基本要求知识。

➢能够进行厨房员工个人卫生和烹调操作卫生管理。

知识要求

食品污染的一个重要来源是餐饮从业人员。如果餐饮从业人员的体内或体表携带食源性病原体，可直接或间接地通过病人接触过的加工设备、容器污染食品，进一步传播给消费者，引发食物中毒或其他食源性疾病。经常发生的致病性微生物食物中毒有的就是因为餐饮从业人员直接污染食品引起的。厨房是餐饮产品的生产中心，厨房员工个人的卫生与健康是餐饮产品安全保证的重要一环。确保餐饮企业产品的卫生安全，必须加强厨房员工的健康状况和个人卫生管理。

一、厨房员工健康要求

(1) 厨房员工必须持有国家卫生部门颁发的健康合格证明。按卫生法规，厨房员工应在上岗前进行身体健康状况检查，符合卫生健康标准的，发给健康证书，才能上岗，且每年进行至少一次体检。

（2）凡患有痢疾、伤寒、病毒性肝炎等消化道传染病（包括病原携带者），活动性肺结核，化脓性或者渗出性皮肤病以及其他有碍食品卫生疾病的，不得从事厨房工作。厨房员工有发热、腹泻、皮肤伤口或感染、咽部炎症、睑腺炎、甲沟炎、手外伤和烫伤、皮肤湿疹和疖子、耳眼鼻溢液、呕吐等有碍食品卫生病症的，应立即脱离工作岗位，待查明原因、排除有碍食品卫生的病症或治愈后，方可重新上岗。

二、厨房员工基本卫生要求

1. 个人卫生要求

个人清洁是个人卫生管理的基础，它不仅有利于员工自身的健康，也关系着就餐者的健康安全。个人卫生要求内容包括：

（1）操作时应穿戴清洁的工作服、工作帽（冷菜切配专间等操作人员还需戴口罩），头发不得外露，不得留长指甲，涂指甲油，佩戴饰物。在上班时，不能戴戒指、项链等首饰物品，不涂抹含有浓郁芳香气味的化妆品。

（2）操作时手部应保持清洁，操作前手部应洗净。接触直接入口食品时，手部还应进行消毒。

（3）接触直接入口食品的操作员工在有下列情形时应洗手：

1）开始工作前。

2）处理食物前。

3）上厕所后，从事吸烟等个人活动后。

4）处理生食物后。

5）处理弄污的设备或饮食用具后。

6）咳嗽、打喷嚏或擤鼻涕后。

7）处理动物或废物后。

8）触摸耳朵、鼻子、头发、口腔或身体其他部位后。

9）从事任何可能会污染双手的活动（如处理货项、执行清洁任务、使用洗涤剂或化学药品）后；接触其他污染源（如电话、钱币、门把手、脏抹布）后。

（4）专间操作人员进入专间时宜再次更换专间内专用工作衣帽并佩戴口罩，操作前双手严格进行清洗消毒，操作中应适时地消毒双手。不得穿戴专间工作衣帽从事与专间内操作无关的工作。

（5）个人衣物及私人物品不得带入食品处理区。不得穿工作服离开厨房随意乱走（特别是去厕所）；如工作中到另一不同卫生要求的场所（如原料间），必须更换工作服。

（6）食品处理区内不得有抽烟、饮食及其他可能污染食品的行为。

（7）进入食品处理区的非加工操作人员，应符合现场操作人员卫生要求。

2. 卫生习惯要求

（1）保持良好个人卫生，要勤洗澡、勤换衣服、勤理发。

（2）除工作内容的交谈外，不要闲谈、聊天、嬉笑打闹。

（3）不准随意在灶台、切配台等菜品加工的设备上坐卧。

（4）严禁乱放及混放原料、餐具、用具，生熟原料分开，防止交叉污染。

（5）不要随地吐痰，不在工作中挖耳朵、摸鼻子、搔头发等。

（6）不得面对食品咳嗽、打喷嚏、不得用口含水喷洒任何食物。

（7）要尽量避免用手拿直接入口食品，可用工具或一次性手套。

（8）养成经常洗手、认真洗手的习惯。

相关链接

餐饮工作人员的手部经常与菜品和餐具等进行直接接触，是传播有害微生物的主要媒介。因此，员工手部的清洁卫生是非常重要的一环。确保餐饮工作人员手部卫生的唯一方法就是使员工养成良好的洗手习惯。

洗手池应该专用，要配备指甲刷、擦干用的纸巾或干燥机。洗手时要确保指甲修剪得很短（1 mm 以内），洗手时将指甲擦洗干净。对皮肤表面的裂缝、沟纹处以及指甲周围和指关节处，更要仔细刷洗。

正确洗手的方法是：在水龙头下先用水（最好是温水）把双手弄湿；双手涂上洗涤剂；双手互相搓擦 20 s（必要时，以干净卫生的指甲刷清洁指甲）；用自来水彻底冲洗双手，工作服为短袖的应洗到肘部；用清洁纸巾、卷轴式清洁抹手布或干手机弄干双手；关闭水龙头（手动式水龙头应用肘部或以纸巾包裹水龙头关闭）。

3. 工作服卫生要求

（1）工作服（包括衣、帽、口罩）宜用白色（或浅色）布料制作，也可按其工作的场所从颜色或式样上进行区分，如粗加工、烹调、仓库、清洁等。

（2）工作服应有清洗保洁制度，定期进行更换，保持清洁。接触直接入口食品人员的工作服应每天更换。

（3）从业人员上厕所前应在食品处理区内脱去工作服。

（4）待清洗的工作服应放在远离食品处理区。

（5）每名从业人员应有两套或以上工作服。

能力要求

厨房员工卫生管理

一、建立厨房员工食品卫生知识培训制度

厨房员工（包括新参加和临时参加工作的人员）必须参加食品安全

岗前培训，定期培训食品卫生知识，合格后方能上岗。餐饮企业应妥善保存员工食品安全知识的培训信息，包括培训时间、地点、参与人员、内容及培训考核情况等，至少应保存两年。

二、制定并执行厨房员工操作卫生守则，加强厨房员工烹调操作卫生管理

1. 切配卫生管理

在切配和烹调时，注意不要交叉污染，实行双盘制。生熟交叉污染的主要表现有两点：切配所用的砧板及刀具生熟交叉污染；在烹调时，盛器的交叉污染。因此，配菜的盘、碗，在原料下锅、烹调时应去掉，换用消毒后的盘、碗来盛装烹调成熟的菜肴。

2. 品味卫生管理

在烹调操作时，试尝口味时要用小汤勺，尝后将余汁倒掉，不准倒回锅中。尽量不要用手勺尝，如需用手勺尝，则必须在尝后把手勺立即洗干净。禁止用手指蘸食物尝味，或用舔过的手指去分食品。

三、指导、监督、检查厨房员工在生产工作时，达到“厨房员工基本卫生要求”

厨房员工在生产工作时，应有专人负责指导、监督、检查，确保员工可以达到厨房卫生要求。如无法达到，应有相应举措予以惩罚。

【案例5—2】

某餐饮公司厨房员工操作卫生守则

一、厨房员工操作时应戴好工作帽，穿干净的工作服和围裙，不用脏手操作，不嚼口香糖之类的东西，不吸烟，不随地吐痰，尽可能避免打喷嚏、打哈欠或咳嗽。

二、食物解冻后不能再次冷冻，应一次用掉或煮熟后再储藏。

三、不要长时间使食物处在8～60℃，应及时加工处理或存放在冰

柜中。

四、切生、熟料的菜刀和菜墩要分开使用，不用同一把刀和菜墩切完生料后又切熟料。

五、切完生肉的刀要清洁干净后才可切蔬菜。

六、碟子要拿边，碗用手或盘托住；不要用手拿餐具、用具入口部分或碗口。

七、厨房设备、工具用后要清洗干净，餐具用前要检查；设备、工具、餐具上不得有食物屑残留，不得使用有裂口缝或缺口的餐具。

学习单元 2　厨房设施、设备、用具卫生管理

学习目标

➢掌握厨房设施、设备、用具卫生要求知识。

➢能够进行厨房设施、设备、用具的卫生管理。

知识要求

一、厨房设施的卫生要求

餐厅和厨房的设施主要包括地面与排水、墙壁与门窗、屋顶与天花板、厕所、更衣场所、库房、专间、洗手消毒设施、供水设施、通风排烟设施、餐用具清洗消毒和保洁设施、防尘防鼠防虫害设施、采光照明设施和废弃物暂存设施等。

1. 地面与排水卫生要求

（1）食品处理区地面应用无毒、无异味、不透水、不易积垢的材料铺设，且应平整、无裂缝。

（2）粗加工、切配、餐用具清洗消毒和烹调等需经常冲洗、易潮湿场所的地面应易于清洗、防滑，并应有一定的排水坡度（不小于 1.5%）及排水系统。排水沟应有坡度、保持通畅、便于清洗，沟内不应设置其他管路，侧面和底面接合处宜有一定弧度（曲率半径不小于 3 cm），并设有可拆卸的盖板。排水的流向应由高清洁操作区流向低清洁操作区，并有防止污水逆流的设计。排水沟出口应有防止有害动物侵入的设施。厨房下水道管径应比普通房屋或住宅下水道管道粗，根据企业规模，可达 20～40 cm，否则会因菜渣或米糠与油脂结成的纤维凝块导致下水道狭窄或完全阻塞，难以疏通。

（3）清洁操作区内不得设置明沟，地漏应能防止废弃物流入及浊气逸出（如带水封地漏）。

2. 墙壁与门窗卫生要求

（1）厨房墙壁应采用无毒、无异味、不透水、平滑、不易积垢的浅色材料构筑。其墙角及柱角（墙壁与墙壁间、墙壁及柱与地面间、墙壁及柱与天花板）间应有一定的弧度（曲率半径在 3 cm 以上），以防止积垢和便于清洗。

（2）粗加工、切配、餐用具清洗消毒和烹调等需经常冲洗、易潮湿的场所应有 1.5 m 以上的光滑、不吸水、浅色、耐用和易清洗的材料（例如瓷砖、合金材料等）制成的墙裙，各类专间应铺设到墙顶。

（3）食品处理区的门、窗应装配严密，与外界直接相通的门和可开启的窗应设有易于拆下清洗且不生锈的防蝇纱网或设置空气幕，与外界直接相通的门和各类专间的门应能自动关闭。窗户不宜设室内窗台，若有窗台台面应向内侧倾斜（倾斜度宜在 45°以上）。

（4）粗加工、切配、烹调、餐用具清洗消毒等场所和各类专间的门应采用易清洗、不吸水的坚固材料制作。

（5）供应自助餐的餐饮单位或无备餐专间的快餐店和食堂，就餐场所窗户应为封闭式或装有防蝇防尘设施，门应设有防蝇防尘设施，以设空气幕为宜。

3. 屋顶与天花板卫生要求

（1）加工经营场所天花板的设计应易于清扫，能防止害虫隐匿和灰尘积聚，避免发霉或建筑材料的脱落等情形发生。

（2）食品处理区天花板应选用无毒、无异味、不吸水、表面光洁、耐腐蚀、耐温、浅色材料涂覆或装修，天花板与横梁或墙壁结合处宜有一定弧度（曲率半径在 3 cm 以上）；水蒸气较多场所的天花板应有适当坡度，在结构上减少凝结水滴落。清洁操作区、准清洁操作区及其他半成品、成品暴露场所屋顶若为不平整的结构或有管道通过，应加设平整易于清洁的吊顶。

（3）烹调场所天花板离地面宜在 2.5 m 以上，小于 2.5 m 的应采用机械通风使换气量符合 JGJ 64—1989《饮食建筑设计规范》要求。

4. 厕所卫生要求

（1）在隐蔽地带设置相应数量厕所，厕所不得设在食品处理区。

（2）厕所应采用冲水式，地面、墙壁、便槽等应采用不透水、易清洗、不易积垢的材料，禁止设座式便桶。

（3）厕所内的洗手设施，应符合规定且宜设置在出口附近。

（4）厕所应设有排气（臭）装置，并有适当照明，与外界相通的门窗应设置严密坚固、易于清洁的纱门及纱窗，外门应能自动关闭。

（5）厕所排污管道应与加工经营场所的排水管道分设，且应有可靠的防臭气水封。

5. 更衣场所卫生要求

（1）更衣场所与加工经营场所应处于同一建筑物内，宜为独立隔间，有适当的照明，并设有洗手设施。

（2）更衣场所应有足够大小的空间，以供员工更衣之用。

6. 库房卫生要求

（1）食品和非食品（不会导致食品污染的食品容器、包装材料、工具等物品除外）库房应分开设置。

（2）食品库房宜根据储存条件的不同分别设置，必要时设冷冻

（藏）库。

（3）同一库房内储存不同性质食品和物品的应区分存放区域，不同区域应有明显的标志。

（4）库房的构造应以无毒、坚固的材料建成，应能使储存保管中的食品品质的劣化降至最低程度，防止污染，且易于维持整洁，并应有防止动物侵入的装置（如库房门口设防鼠板）。

（5）库房内应设置数量足够的物品存放架，其结构及位置应能使储藏的食品距离墙壁、地面均在 10 cm 以上，以利空气流通及物品的搬运。

（6）除冷库外的库房应有良好的通风、防潮设施。

（7）冷冻（藏）库应设可正确指示库内温度的温度计。

7. 专间卫生要求

（1）专间应为独立隔间，专间内应设有专用工具清洗消毒设施和空气消毒设施，专间内温度应不高于 25℃，宜设有独立的空调设施。加工经营场所面积 500 m^2 以上餐馆和食堂的专间入口处应设置有洗手、消毒、更衣设施的通过式预进间。500 m^2 以下餐馆和食堂等其他餐饮单位，不具备设置预进间条件的，应在专间内入口处设置洗手、消毒、更衣设施。洗手消毒设施应符合规定。初加工间内要设洗菜池、解冻池、半成品放置架。

（2）以紫外线灯作为空气消毒装置的，紫外线灯（波长 200～275 nm）应按功率不小于 1.5 W/m^3 设置，紫外线灯宜安装反光罩，强度大于 70 $\mu W/cm^2$。专间内紫外线灯应分布均匀，距离地面 2 m 以内。

（3）凉菜间、裱花间应设有专用冷藏设施，需要直接接触成品的用水，还宜通过净水设施。

（4）专间不得设置两个以上（含两个）的门，专间如有窗户应为封闭式（传递食品用的除外）。专间内外食品传送宜为可开闭的窗口形式，窗口大小宜以可通过传送食品的容器为准。

（5）专间的面积应与就餐场所面积和供应就餐人数相适应，各类餐饮业专间面积要求宜符合附录四之附件 1“推荐的各类餐饮业场所布局要求”规定。

8. 洗手消毒设施卫生要求

（1）食品处理区内应设置足够数目的洗手设施，其位置应设置在方便从业人员的区域。

（2）洗手消毒设施附近应设有相应的清洗、消毒用品和干手设施。员工专用洗手消毒设施附近应有洗手消毒方法标志。

（3）洗手设施的排水应具有防止逆流、有害动物侵入及臭味产生的装置。

（4）洗手池的材质应为不透水材料（包括不锈钢或陶瓷等），结构应不易积垢并易于清洗。

（5）水龙头宜采用脚踏式、肘动式或感应式等非手动式开关或可自动关闭的开关，并宜提供温水。

（6）就餐场所应设有数量足够的供就餐者使用的专用洗手设施，其设置应符合有关要求。洗手池水龙头数应相当于上班最多总人数的 1/4，最好采用脚蹬式开关龙头，疾病流行期间还应设立员工手消毒池。

9. 供水设施卫生要求

（1）供水应能保证加工需要，水质应符合 GB 5749—2006《生活饮用水卫生标准》规定。

（2）不与食品接触的非饮用水（如冷却水、污水或废水等）的管道系统和食品加工用水的管道系统，应以不同颜色明显区分，并以完全分离的管路输送，不得有逆流或相互交接现象。

10. 通风排烟设施卫生要求

（1）食品处理区应保持良好通风，及时排除潮湿和污浊的空气。空气流向应由高清洁区流向低清洁区，防止食品、餐饮具、加工设备设施污染。

（2）烹调场所应采用机械排风。产生油烟的设备上部，应加设附有机械排风及油烟过滤的排气装置，过滤器应便于清洗和更换。

（3）产生大量蒸汽的设备上方除应加设机械排风外，还宜分隔成小间，防止结露并做好凝结水的引泄。

（4）排气口应装有易清洗、耐腐蚀并符合要求的可防止有害动物侵入的网罩。

（5）采用空调设施进行通风的，就餐场所空气应符合 GB 16153—1996《饭馆（餐厅）卫生标准》要求。通风排烟设施、炉灶上方应有的自然排烟或抽油烟装置及烟道应易于清洗，避免因油污聚集而引起火灾，烟道必须半年内彻底清除一次。

11. 餐用具清洗消毒和保洁设施卫生要求

（1）餐用具清洗消毒水池应专用，与食品原料、清洁用具及接触非直接入口食品的工具、容器清洗水池分开。水池应使用不锈钢或陶瓷等不透水材料、不易积垢并易于清洗。采用化学消毒的，至少设有 3 个专用水池。各类水池应以明显标志标明其用途。

（2）清洗消毒设备设施的大小和数量应能满足需要。

（3）采用自动清洗消毒设备的，设备上应有温度显示和清洗消毒剂自动添加装置。

（4）应设专供存放消毒后餐用具的保洁设施，其结构应密闭并易于清洁。

12. 防尘防鼠防虫害设施卫生要求

（1）厨房门窗应按规定设置防尘防鼠防虫害设施。

（2）厨房必要时可设置灭蝇设施。使用灭蝇灯的，应悬挂于距地面 2 m 左右高度，且应与食品加工操作保持一定距离。

（3）排水沟出口和排气口应有网眼孔径小于 6 mm 的金属隔栅或网罩，以防鼠类侵入。

13. 采光照明设施卫生要求

（1）应有充足的自然采光或人工照明，食品处理区工作面不应低于 220 lx，其他场所不应低于 110 lx。光源应不至于改变所观察食品的天然颜色。如红光、蓝光、紫色光，以免使菜肴色调发生改变。

（2）安装在食品暴露正上方的照明设施宜使用防护罩，以防止破裂时玻璃碎片污染食品。

二、厨房设备与工具卫生要求

餐厅和厨房常用设备有炒灶、油炸锅、炒锅、蒸锅（笼）、搅拌机、烤箱、洗碗机、微波炉、电磁炉、绞肉机、切片机、冰箱、操作台等。对这些设备与工具，应严格清洗和消毒，以防交叉感染。

1. 厨房设备与工具的卫生要求

（1）食品加工用设备和工具的构造应有利于保证食品卫生、易于清洗消毒、易于检查，避免因构造原因造成润滑油、金属碎屑、污水或其他可能引起污染的物质滞留于设备和工具中。

（2）食品容器、工具和设备与食品的接触面应平滑、无凹陷或裂缝，设备内部角落部位应避免有尖角，以避免食品碎屑、污垢等的聚积。

（3）设备的摆放位置应便于操作、清洁、维护和减少交叉污染。

（4）用于原料、半成品、成品的工具及容器，应分开并有明显的区分标志；原料加工中切配动物性和植物性食品的工具及容器，应分开并有明显的区分标志，不能混用或串用。

（5）所有用于食品处理区及可能接触食品的设备与工具，应由无毒、无臭味或异味、耐腐蚀、不易发霉的，符合卫生标准的材料制造。不与食品接触的设备与工具的构造，也应易于保持清洁。

（6）食品接触面原则上不得使用木质材料（工艺要求必须使用的除外），必须使用木质材料的工具，应保证不会对食品产生污染。操作台一般用不锈钢或大理石作台面，但大理石放射性应符合国家标准。

（7）集体用餐配送单位应配备盛装、分送集体用餐的专用密闭容器，运送集体用餐的车辆应为专用封闭式，车内宜设置温度控制设备，车辆内部的结构应平整，以便于清洁。

2. 厨房设备与工具的清洁与消毒

（1）建立加工操作设备及工具清洁制度，用于食品加工的设备及工具使用后应洗净，接触直接入口食品的还应进行消毒。

（2）清洗消毒时应注意防止污染食品和食品接触面。

（3）采用化学消毒的设备及工具消毒后要彻底清洗。

（4）已清洗和消毒过的设备和工具，应在保洁设施内定位存放，避免再次受到污染。

（5）用于食品加工操作的设备及工具不得用做与食品加工无关的用途。

能力要求

一、厨房常用设备和工具的卫生管理

1. 菜板的卫生管理

菜板每日要刮洗消毒，用后要立放。一板多用常常是引起食物中毒的原因。有一种称为揭层菜板，即经过适当处理后将表层揭去。通过揭去旧面换新面，这样可解决菜板表面易破损、易肮脏及难以去掉污物的问题。

菜板的清洗和消毒有多种方法：使用中性洗涤剂、用热水及炊帚刷仔细擦洗后进行水洗；用去污粉代替中性洗涤剂的方法；或者在加热水洗涤后，在 200 mg/kg 浓度的 NaClO 溶液中浸泡 5 min 的方法等。其中杀菌效果最为有效的方法是清洗后煮沸法和蒸汽消毒法（5 min 以上）。

2. 抹布的卫生管理

怎样正确使用抹布应作为职工卫生知识培训的重要内容。抹布要经常搓洗，不一布多用。如直接用抹布抹油锅、掏炉膛，抹布成了“万能抹布”，名副其实的“随手”，抹布往往不能保持清洁，与厨刀一起，成为食源性疾病的主要媒体，对此，为了防止污染，应经常换用经洗涤消毒过的干燥抹布。饮食业管理部门应当强调抹布的清洗、杀菌、消毒和

干燥的重要性。

抹布可用中性洗涤剂进行清洗。抹布的消毒可用煮沸消毒、蒸汽消毒、漂白剂消毒等方法。煮沸消毒为 30 min，高压灭菌器消毒为 15 min，蒸汽消毒为 15～20 min。漂白剂消毒可用 0.5%NaClO 溶液中浸泡 10 min。

3. 烤制设备的卫生管理

烤炉的构建材料要对人体无毒无害，不会影响食品的感官与营养成分，不能用铜与锌等金属，因为铜离子易促进氧化，易引起食品变味变色，锌中常混有镉等有毒金属。可用铁制品，最好用不锈钢做烤炉的烤盘。烤炉中的汤汁溢出、滴溅物在停用后应及时用浸有清洗剂的抹布擦拭干净，以防生长微生物。要定期清理，保持整洁，烤炉的内膛和外部应用热水和合成洗涤剂清洗。炉子至少每月清洁一次。挡板至少每天洗一次并晾干。对盛油的盘每天应当倒空、清洗和晾干。

烤盘每次用完后应涂抹食用油，以免生锈，如长时期未用，在使用前应先用热碱水刷洗干净后才可使用。为防止在烤制过程中食品粘着在烤盘上，每次烤完后可用一把金属刮刀把盘上的食物残渣刮净。对烤盘至少每周彻底清洗一次，方法是对烤盘受热的表面先用不含盐的混合油剂擦净，使烤焦而粘着在盘底的残渣软化，再用热碱水或热水加合成洗涤剂洗涤。洗净后，把烤盘表面漂净，抹干，抹上一层油，以保护烤盘表面。

烤盘其他部位也应每天清洁。烤盘背面可以泼一些水在上面，利用产生的蒸汽把粘在上面的食物残渣去掉。滴油碟应每天倒净，洗后晾干。

4. 煎炸设备的卫生管理

煎炸锅有各种设计类型。煎炸锅在不用的时候应盖严，以防止油脂的氧化变质。每天将煎炸油过滤一遍，可延长使用期。对煎炸锅的外部应每天用湿布擦拭。对煎炸锅至少每周将油倒空并清洗一次。如果油炸食品生产量大，则应每天清洗一次。

5. **蒸煮设备的卫生管理**

蒸汽锅每次用完都要擦净食物残渣。如有食物残渣粘糊在蒸笼里，应先用水浸泡，然后用水浸泡，再用软刷子刷洗。筛网也应每天清洗。如有泄水阀应松开清洗。汽阀应每周检查一次。输水管应每周将水放净一次。

对锅炉内的水垢应该每半年清除一次。如供应水为硬水，清除水碱的工作更应经常进行。

如果使用蒸箱，每天用完后要将食物残渣擦净，然后再用刷子刷洗。

6. **制冷设备的卫生管理**

对厨房用冰箱、冰柜、冷藏柜，应每天用含合成洗涤剂的温水擦拭外部，擦后用清水漂净并用干布擦干。对冰箱内食品应每周做一次彻底检查。先将存放在冰箱里面的食品移入另一冰箱内，将冰箱清洗，冰箱的隔板全部取下，用中性洗涤剂洗净内壁并漂洗、拭干，以防止霉菌、细菌滋生。在清洗冰箱时，忌用有摩擦作用的去污粉或碱性肥皂。要坚持记录冰箱内部温度，以便发现问题及时维修，避免食品腐败变质。对蒸发器和蒸发器上积的尘垢、油腻也应清除干净。每 3 个月将风扇和电动机及压缩机擦拭、检查一遍。对有玻璃门的冰箱，可以用玻璃清洁剂来清洗。冰箱至少每月除霜一次。

7. **其他烹调用具的卫生管理**

炉台上盛放调味品的容器在每天打烊后要端离炉台并加盖放置；配料的水盆要定时换水，淀粉容器要经常换水（一般夏天的换水次数多于冬天）；要将盛放油的油罐分新老油分开放置，每日滤油脚一次；酱油、醋每日过箩筛一次，夏秋季每日两次；汤锅每日清刷一次；每天操作结束后，锅必须彻底地清洗。

厨房的搅拌机，其外部在每次用完以后，可用带有合成洗涤剂的热水溶液擦洗，然后漂净、擦干。上润滑油的可拆卸的部位要每月清洗上油一次。切菜机应按有关说明来保护和维修。一些经过切菜机加工的食品有许多不经烹调直接上桌，如不经适当的清洁处理，也可能会传播病菌。罐头开启器必须每天清洗，把刀片上残留的食品清除掉。刀叶变钝以后要注意有可能引起金属碎屑掉进食品中的事故。操作台面应当经常清洁。不锈钢面洗净后，必要时可以用抛光器抛光。

二、餐具卫生要求和管理

我国《食品卫生法》第 8 条规定："餐具、饮具和盛放直接入口食品的容器，使用前必须洗净、消毒，炊具、用具用后必须洗净，保持清洁。使用的洗涤剂、消毒剂应当对人体安全、无害。"我国还制定有《食（饮）具消毒卫生标准》（GB 14934—1994），对卫生指标，消毒效果的评价方法，消毒卫生管理规范都作了具体规定。《餐饮业和集体用餐配送单位卫生规范》第 23 条等条款规定了餐用具卫生要求、清洗消毒和保洁设施，并在附件 3 "推荐的餐饮具清洗消毒方法"和附件 7 "餐饮业和集体用餐配送单位常用消毒剂及化学消毒注意事项"中有进一步说明。

1. 餐具卫生要求

（1）餐用具使用后应及时洗净，定位存放，保持清洁。消毒后的餐用具应储存在专用保洁柜内备用，保洁柜应有明显标记。餐具保洁柜应当定期清洗，保持洁净。

（2）接触直接入口食品的餐用具使用前应洗净并消毒。

（3）应定期检查消毒设备、设施是否处于良好状态。采用化学消毒的应定时测量有效消毒浓度。

（4）消毒后餐具应符合 GB 14934—1994《食（饮）具消毒卫生标准》规定。

（5）不得重复使用一次性餐饮具。

（6）已消毒和未消毒的餐用具应分开存放，保洁柜内不得存放其他物品。

2. 食（饮）具清洗消毒制度

餐饮具应依法进行消毒和保洁。在餐饮业需要洗刷消毒的物品包括容器、工具、餐饮具、工作人员的手、蔬菜、水果等。一般认为消毒后，原有微生物减少 60%以上消毒效果为合格，减少 80%以上为效果良好。或按容具的有效面积计算，即每平方厘米细菌数 5 个以下为消毒良好，5～19 个效果较差，20 个以上消毒效果不好。大肠菌群在 50 cm^2 的面积内不得检出。

餐用具宜用热力方法进行消毒，因材质、大小等原因无法采用的除外。清洗消毒设备设施的大小和数量应能满足需要。餐具的洗涤、消毒方法，应按其规定的操作程序进行消毒、清洗。严格执行一洗、二清、三消毒、四保洁制度。餐饮具应依法进行消毒，但重要的是洗刷干净和保洁。

在一些大型宾馆、饭店常使用洗碗机对餐具等物品进行洗刷消毒。洗碗机的作用是综合的，有热力消毒、机械冲刷作用，有的洗碗机还使用一定量的消毒剂和干燥剂，洗刷消毒效果是可靠的。采用自动清洗消毒设备的，设备上应有温度显示和清洗消毒剂自动添加装置。

在对容器、工具进行洗刷消毒时，应特别注意对体积较大者的洗刷消毒。这些物品包括大桶、大盆、大木墩、长案板等。

为了防止脏餐具污染食品，洗涤不能在烹调间进行，而应紧靠餐厅，在专设的洗消间进行。洗涤前要将食物残渣倒净，用水冲洗后再用洗涤剂刷洗，用 80℃净水漂净洗涤剂并尽快干燥，最后进行消毒。洗涤可用手工或用洗碗机进行，手洗时需要 2～3 个洗涤池。不管使用哪一种方法，洗涤均可分为准备、洗涤、漂清或一涮、二洗、三冲三个步骤进行。我国食（饮）具消毒卫生标准规定残留的烷基（苯）磺酸钠不得超过 0.1 mg/100 cm^2。

3. 餐具消毒方法

餐具消毒方法分为物理消毒（包括煮沸、蒸汽、红外线等热力消毒）和化学药物消毒两大类。

我国食（饮）具消毒卫生管理规范规定了物理消毒的条件，特别要保证规定的温度和时间。煮沸、蒸汽消毒保持100℃作用10 min；洗碗机消毒水温控制在85℃，冲洗消毒40 s以上；红外线消毒一般控制温度120℃，作用10 min以上；《食（饮）具消毒卫生标准》规定了物理消毒的感官指标：食（饮）具必须表面光洁、无油渍、无水渍、无异味。

《食（饮）具消毒卫生管理规范》规定了化学消毒法使用的前提条件：饮食企业所使用的食（饮）具无法进行煮沸或蒸汽消毒，或在食品卫生监督机构指定情况下，方可用化学洗消剂进行洗涤和消毒。饮食企业应尽可能多用物理消毒法而少用化学药物消毒法。使用的洗涤剂、消毒剂应符合GB 14930.1—1994《食品工具、设备用洗涤卫生标准》和GB 14930.2—2012《食品工具、设备用洗涤消毒剂卫生标准》等有关卫生标准和要求。目前用于餐具消毒的药物基本上是含氯消毒剂，使用浓度应含有效氯250 mg/L以上，餐饮具全部浸泡入液体中，作用5 min以上。常用消毒剂浓度为漂白粉0.1%～2%、新洁尔灭0.2‰、高锰酸钾1‰、过氧乙酸0.2%。

食（饮）具化学消毒后必须用洁净水清洗，消除残留的药物。一般按除渣—洗涤—消毒—清洗程序进行。消毒后食（饮）具表面必须无泡沫、无洗消剂的味道，无不溶性附着物。用含氯洗消剂消毒的食（饮）具表面残留量为游离性余氯<0.3 mg/L，烷基（苯）磺酸钠<0.1 mg/100 cm^2。目前，洗消剂残留物超标严重。因此，餐具在洗涤及化学消毒时保证消毒剂的有效浓度和时间，特别是消毒后认真冲洗很有必要。

所谓洗消剂是指具有洗涤和消毒效果的混合物。将洗涤、消毒步骤合二为一的做法，具有快速、简便、节能、节约劳动力等许多优点。目前市场上已有很多这类产品如复方优氯净、CB餐具洗消剂等。饮食业可根据需要选用。

4. 餐具的保洁管理

经过消毒的餐具要做好保洁工作，防止再污染，否则就失去了消毒的意义。已经消毒的餐具要自然滤干或烘干，不应使用手巾、餐巾擦干，及时放入餐具保洁柜内，以避免受到再次污染。或放在蒸汽箱内，待下次使用时再取出。保洁柜应专用，柜门要完整，其结构应密闭并易于清洁。对未经消毒的餐具、食品容器和私人生活用品不得存放于保洁柜内。保洁柜的材料最好用瓷砖或不锈钢，以便于做好清洁工作。要防止在缝隙内隐藏蟑螂等害虫。在拿取、使用餐具时，不能再用抹布擦拭，以免造成新的污染。

三、厨房废弃物处理

在餐饮服务的全过程中，从初加工、储存、烹调加工到供餐各个环节都会产生各类废弃物和垃圾，其中含有大量微生物和有害物，如管理不善，在适宜的条件下可能会对后厨环境、设施设备以及餐饮半成品和成品造成交叉污染，导致食品安全事件。

1. 废弃物暂存设施卫生要求

（1）食品处理区内可能产生废弃物或垃圾的场所均应设有废弃物容器。

（2）废弃物容器应配有盖子，以坚固及不透水的材料制造，能防止有害动物的侵入、不良气味或污水的溢出，内壁应光滑以便于清洗。

（3）在加工经营场所外适当地点宜设置废弃物临时集中存放设施，其结构应密闭，能防止害虫进入、滋生且不污染环境。餐厅内设有痰盂和废纸筐。

2. 各类废弃物的处理

按照国务院办公厅下发的《国务院办公厅关于加强地沟油整治和餐厨废弃物管理的意见》（国办发［2010］36号）的要求，餐厨废弃物产生单位应建立餐厨废弃物处置管理制度，将餐厨废弃物分类放置并分类处理。

（1）现场加工过程中产生的废弃货物包装、塑料袋、纸盒箱等包装物等除可回收利用者，都应及时扔进垃圾桶，并当日清理出加工现场区域，不可在加工现场存放过夜。

（2）加工过程中废弃的食物残余、消费者用剩的食物等应统一收集至泔水桶，统一交由经相关部门许可或备案的餐厨废弃物收运、处置单位或个人处理。严禁乱倒乱堆餐厨废弃物，不得用未经无害化处理的餐厨废弃物喂养畜禽。

（3）废水应排至废水处理系统或用其他适当方式处理。餐饮企业下水道在接入城市污水管道以前，应有滤油池、油水隔离池、油水分离器（或其他漏油装置）将污水滤油后才能排入城市污水系统。

（4）餐饮菜点加工中，尤其是油炸加工和半成品预处理等环节，消耗大量食用油，也能产生大量废弃油脂。餐厨废弃油脂包括地沟油、潲水油（泔水油）和老油。废弃油脂营养价值低，还可能含有对人体有毒有害物质，微生物超标，因此不能食用，只能用于非食品工业生产，如生产化工制品。因此对废弃油脂应统一交由经相关部门许可或备案的餐厨废弃物收运、处置单位或个人处理。

思　考　题

1. 厨房卫生管理有何意义？

2. 简述烹饪原料采购索证的方法。

3. 烹饪原料采购卫生管理规范的主要内容是什么？

4. 烹饪原料验收有哪些方法？

5. 粮食可能存在哪些卫生问题？怎样进行粮食验收的卫生管理？

6. 豆类及其制品可能存在哪些卫生问题？怎样进行豆制品的感官检验？

7. 蔬菜水果可能存在哪些卫生问题？如何进行蔬菜水果的感官检验？

8. 禽畜肉可能存在哪些卫生问题？如何进行禽畜肉的感官检验？

9. 水产动物可能存在哪些卫生问题？怎样进行水产动物验收的质量鉴别？

10. 蛋类可能存在哪些卫生问题？如何进行蛋类的感官检验？

11. 乳类可能存在哪些卫生问题？如何进行乳类的感官检验？

12. 油脂、调味品等可能存在哪些卫生问题？怎样进行其卫生验收管理？

13. 如何防止烹饪原料储存的腐败变质问题？

14. 简述鲜活原料、冷冻原料、干货原料初加工及原料腌制的卫生控制。

15. 如何进行冷菜加工制作的卫生控制？

16. 如何进行热菜加工制作的卫生控制？

17. 如何进行面点饭食加工制作的卫生控制？

18. 厨房员工健康及其个人卫生有何基本要求？

19. 请结合你的实际工作经验，谈谈如何实施厨房员工卫生管理。

20. 厨房设施、设备和餐具用具等的卫生要求是什么？

21. 如何进行厨房设施、设备和用具餐具的卫生管理？

参考文献

1. 赵建民. 行政总厨管理实务 [M]. 上海：上海交通大学出版社，2007.

2. 姜上泉. 餐饮企业精益化管理工具箱 [M]. 北京：人民邮电出版社，2009.

3. 邵万宽. 厨房管理与菜品开发新思路 [M]. 沈阳：辽宁科学技术出版社，2005.

4. 邵万宽. 现代厨房生产与管理 [M]. 南京：东南大学出版社，2008.

5. 万光玲. 餐饮成本控制 [M]. 广州：广东旅游出版社，2010.

6. 宋雪鸣. 饭店创新经营与策划 [M]. 北京：中国旅游出版社，2004.

7. 马开良. 餐饮管理与实务 [M]. 北京：高等教育出版社，2003.

8. 马开良. 现代厨政管理 [M]. 北京：高等教育出版社，2010.

9. 王美萍. 餐饮成本核算与控制 [M]. 北京：高等教育出版社，2010.

10. 马开良. 现代厨房设计与管理 [M]. 北京：化学工业出版社，2008.

11. 熊敏. 餐饮业食品安全控制 [M]. 北京：化学工业出版社，2011.

12. 张志强，于军. 餐饮从业人员读本 [M]. 成都：四川科学技术出版社，2007.

13. 黄刚平. 烹饪营养卫生学 [M]. 南京：东南大学出版社，2007.

14. 南俊华. 餐饮业食品安全控制 [M]. 北京：中国标准出版社，2005.

15. 徐娇，等. 餐饮业索证管理规定 [J]. 中国食品卫生杂志，2008.

16. 安鸿章，等. 企业人力资源管理师 [M]. 北京：中国劳动社会保障出版社，2007.

17. 蔡万坤，靳星. 餐饮企业行政总厨管理 [M]. 北京：北京大学出版社，2007.

18. 袁新宇. 厨政管理基础 [M]. 成都：四川大学出版社，2003.

19. 袁兴宇，杜莉. 厨师长手册 [M]. 成都：四川科学技术出版社，2009.

20. 蔡万坤，等. 餐馆老板案头手册 [M]. 北京：人民邮电出版社，2008.